© Esstée Esstée, 2024
Édition : BoD · Books on Demand GmbH, In de Tarpen 42,
22848 Norderstedt (Allemagne)
Impression : Libri Plureos GmbH, Friedensallee 273,
22763 Hamburg (Allemagne)
ISBN : 978-2-3224-7750-0
Dépôt légal : Décembre 2024

# « Fleurir sans Racines »

## Ecrit par Esstée

édition 2024

Esstée, auteur malgré elle, décide à la quarantaine passée de se lancer dans un récit autobiographique afin de redéfinir les vérités et surtout de démontrer que l'on peut trouver en soi la force dépasser les liens du sang.

Les prénoms ont été modifiés.

Il était une fois une petite fille nommée Sophie, née au cœur de la campagne verdoyante de Bretagne, d'une rencontre entre une fille d'agriculteurs et un fils de commerçant. Le destin de ses parents s'était scellé très tôt. À peine sortis de l'adolescence, ils s'étaient mariés : elle, probablement pour échapper à une vie trop étriquée, et lui, fou amoureux. Ils devinrent parents très jeunes, sa mère à 19 ans, son père à 23.

Sophie vint au monde à peine deux ans après leur union. Aujourd'hui, à 46 ans, elle se penche sur son histoire avec un objectif clair : rétablir la vérité et dénoncer les mensonges qui ont jalonné sa vie. « Mon histoire n'est pas anodine, » commence-t-elle. « Ce récit, je le porte en moi depuis longtemps, et il mérite d'être raconté. »

Elle connaît les grandes lignes de cette histoire familiale, les souvenirs racontés à maintes reprises, les anecdotes qui se rejoignent. Parmi eux, le souvenir de son grand-père paternel, un homme adoré de tous. « On me l'a souvent décrit comme un homme gentil, serviable et drôle, respecté de tous. Ma grand-mère, me montrait souvent ses photos. » Malheureusement, Sophie ne l'a jamais connu. Il est mort d'une rupture d'anévrisme lorsqu'elle n'avait que six mois, à l'âge de 45 ans. Sa disparition laissa un vide immense, notamment pour sa grand-mère, qui ne refit jamais sa vie et continua à tenir le magasin de chaussures qu'ils avaient ensemble, malgré l'absence de son cordonnier.

Le décès de ce pilier familial entraîna des répercussions profondes sur son père, fils unique. « Il travaillait alors comme commercial pour une grande entreprise d'apéritifs à l'anis. La perte de son père fut un coup dévastateur. » Le jeune homme, sans cette figure paternelle, plongea progressivement dans la dépression. L'alcool devint son refuge, une facilité à portée de main.

« Ma grand-mère me disait souvent que si mon grand-père avait été là, ça aurait été différent. » Mais le pilier familial n'était plus là.

Sophie se souvient de la maison de campagne que ses grands-parents avaient léguée à son père. Cette maison où elle-même est née, témoin silencieux des bonheurs et des drames qui s'y sont joués.

Au fil des années, en avançant dans la vie, Sophie a analysé et décortiqué cette histoire familiale, mettant bout à bout des fragments, des souvenirs, des secrets. « Certaines choses ne m'apparaissent claires que maintenant, avec le recul. » Le chemin vers la vérité est long, semé de découvertes parfois tardives, mais elle est résolue à en comprendre chaque nuance, chaque détail.

C'est ainsi que Sophie commence à réécrire son histoire, avec la volonté de faire la lumière sur ce qui a été caché, oublié ou ignoré. Un récit qui, à bien des égards, rappelle celui d'autres Sophie, comme celle de la comtesse de Ségur, mais qui mérite, plus que jamais, d'être raconté à sa façon.

Après la naissance de Sophie, la vie familiale évolua rapidement. La maison, autrefois simple, commença à se transformer : travaux d'agrandissement, nouvelle décoration, acquisition de meubles en merisier et de lustres somptueux, des choix qui reflétaient les aspirations bourgeoises de la famille. Sa mère, adepte du beau et du luxe, mettait un point d'honneur à embellir leur foyer.

Trois ans après la naissance de Sophie, un petit frère arriva, marquant une nouvelle étape dans la vie de famille. Parallèlement, la mère de Sophie se lança dans le commerce, installant son propre magasin juste en face de celui de sa grand-mère. Le coup de maître vint avec la vente de paires de chaussures après-ski, un bon coup qui leur permit de se diversifier petit à petit vers le prêt-à-porter. Quant à son père, il poursuivait sa carrière de commercial, bien qu'il ait changé d'employeur. Cependant, ses habitudes personnelles, notamment son penchant pour l'alcool, demeuraient inchangées.

Le commerce prospérait et l'argent rentrait, mais pour sa mère, cela ne suffisait jamais. Ce besoin de toujours vouloir plus, de faire croître l'affaire, devint presque une obsession. La sécurité financière était une priorité, mais la croissance des affaires était aussi une manière de répondre à un besoin personnel : prouver leur réussite, s'enrichir, et être reconnus dans le village comme une famille influente.

Pendant ce temps, Sophie et son frère grandissaient, souvent livrés à eux-mêmes. « Nous avons grandi tant bien que mal, seuls. Enfin, pas tout à fait… il y avait Dorothée à la télé, » se souvient-elle avec un brin d'ironie. Les souvenirs d'enfance ne sont pas empreints de tendresse, d'embrassades ou de moments chaleureux avec ses parents. Ce qui dominait, c'était les biens matériels : de beaux vêtements, des cartables de qualité. « Il fallait représenter l'image du magasin, » explique Sophie. Ils étaient des enfants de commerçants prospères, reconnus dans le bourg, mais cela les privait de beaucoup d'expériences sociales. « Quand j'étais invitée à un anniversaire, c'était toujours non. "Tu comprends, Sophie, il faut réinviter après, et avec le travail, ce n'est pas possible…" »

Heureusement, il y avait sa grand-mère. Après l'école primaire, Sophie et son frère allaient la rejoindre dans la petite cuisine située derrière le magasin de chaussures. « C'était une pièce modeste, avec sa table ronde, un poêle à charbon, et un évier. Nous faisions nos devoirs là-bas, en mangeant des gâteaux qu'elle conservait précieusement dans une boîte ronde rouge et or, placée au-dessus du placard. Quand, on y était le midi, elle nous faisait ses nouilles rouges !» Cette grand-mère avait une place particulière dans le cœur de Sophie. Elle l'aidait dans ses études, récitant avec elle, corrigeant ses erreurs. « Elle avait une écriture magnifique et ne faisait aucune faute ! » se souvient Sophie avec admiration.

À l'école, Sophie était une élève sérieuse, organisée et considérée par ses professeurs comme ayant un avenir prometteur avec de grandes études. Mais, au-delà de ses succès scolaires, c'est ce lien particulier avec sa grand-mère, cette figure de stabilité et de bienveillance, qui resta gravé dans son cœur.

Après s'être établis comme commerçants, les parents de Sophie se lancèrent ensemble dans la vente sur les marchés, chacun ayant ses propres tournées. Pour eux, les semaines se succédaient sans répit, les week-ends et les soirées n'existant plus. Tandis que sa mère tenait le magasin l'après-midi, son père, hélas, s'enfonçait davantage dans son addiction à l'alcool.

Les soirées familiales étaient bien souvent tendues. Son père s'occupait du repas et mangeait avec les enfants, car sa mère rentrait tard du travail. Chaque soir devenait le théâtre de disputes : lui, souvent ivre, reprochait son absence, de ne pas « le sucer » et insinuait des doutes sur ses fréquentations. Elle, lui reprochait d'avoir été « aux putes » ... Les assiettes servaient alors de freeze be et les enfants de témoins de jeux.

« Un jour, j'étais assise sur les toilettes dans la salle de bain, et mon père encore à moitié bourré, se tenait debout devant moi et ma montrer sa bite en disant, tu vois ça ta mère elle n'en veut pas »

En écrivant ces lignes, des pans entiers de mon passé refont surface, comme des ombres qu'on croyait à jamais dissipées. Cet épisode en particulier, je l'avais complètement effacé de ma mémoire, ou peut-être était-il simplement resté tapi dans un recoin inaccessible de mon esprit. Mon enfance est un puzzle incomplet, parsemé de souvenirs flous, presque évanescents, comme si mon esprit avait choisi de voiler les images les plus douloureuses.

Pendant longtemps, j'ai cru – ou voulu croire – que tout cela n'était qu'un mauvais rêve, une création de mon imagination d'enfant. C'était plus facile ainsi. Cette capacité à me protéger en rendant ma propre réalité opaque, en enveloppant le chaos familial d'un voile d'indifférence, m'a sauvée.

Dans ce déni silencieux, j'ai trouvé une forme de résilience. J'ai puisé une force insoupçonnée dans cette obscurité, forgeant un caractère à la fois dur et adaptable, capable de résister à l'inacceptable et de continuer à avancer.

Sophie gardait en mémoire un couple d'amis qu'ils avaient lorsqu'elle était enfant mais ce lien s'était estompé, sans doute sous le poids des responsabilités et du manque de temps.

Leurs seuls contacts sociaux étaient limités aux rares repas de famille avec le côté maternel, et à quelques visites du médecin de famille, Gérard B., quand ils tombaient malades. Les parents montaient fréquemment à Paris pour leurs achats professionnels, laissant Sophie et son frère seuls à la maison. « Je me souviens de la première fois que nous avons passé deux ou trois jours seuls, j'avais neuf ans, et mon frère six. Cela m'a poussée à devenir débrouillarde et responsable très vite, » raconte-t-elle.

Cependant, la solitude avait son lot de dangers. Le frère de Sophie développait des accès de colère terrifiants. Ce n'étaient pas les chamailleries habituelles entre frère et sœur. Ces épisodes étaient parfois violents au point qu'elle craignait pour sa vie. Elle se souvient de moments où, lui, armé d'un marteau, frappait à la vitre de sa porte. Elle avait même été blessée par une ferraille lorsqu'il s'était saisi d'un parapluie qu'il avait cassé en deux et l'avait frappée. « J'ai encore aujourd'hui une cicatrice sur la main car j'ai protégé mon visage » Ces tensions familiales, comprendra-t-elle bien plus tard, avaient profondément affecté son frère, alimentant chez lui une agressivité que sa mère minimisait ou excusait. « Ton frère est fragile, disait-elle » Combien de fois, Sophie avait-elle appelé la voisine au secours de la fenêtre de sa chambre… Sophie se réfugiait dans la nourriture et mangeait tout et n'importe quoi. Elle se souvient de sa mère qui lui faisait remarquer qu'elle devait faire attention, sans même se rendre compte que c'était pire…

Pour Sophie, les moments de complicité avec son frère restaient rares, chacun menant sa vie. Elle se sentait malgré tout entourée à l'école où elle trouvait refuge, notamment dans les études. Dès la sixième, elle se passionna pour l'anglais, rêvant de devenir enseignante. Ces ambitions et ses amitiés l'aidaient à supporter les tumultes familiaux.

Chez elle, sa mère essayait de contrôler la consommation d'alcool de son père en traçant des lignes sur les bouteilles. Lui cachait des bouteilles dans tous les recoins possibles. Le couple s'enfonçait dans une spirale de ressentiments, la mère reprochant à son père son comportement et ses infidélités, lui, blessé et impuissant, s'enfermant davantage dans l'alcool. Des tentatives de désintoxication échouèrent. Plus tard, Sophie comprit que sa mère entretenait des relations extraconjugales et que son père, au courant sans en avoir la preuve, intensifiait sa consommation pour apaiser sa souffrance. Quant à sa grand-mère, elle semblait avoir perçu cette dynamique dès le départ, les magasins étant face à face, ce qui creusa davantage la distance avec sa belle-fille. « Ma mère n'aimait pas mémé et elle nous le disait »

Sophie, respectueuse de ses parents, tentait de se montrer indifférente à ces tensions, mais il lui était impossible d'ignorer les signes : l'odeur de l'alcool, l'allure titubante de son père ou ses difficultés à monter les escaliers. Elle gardait cependant une certaine pitié pour lui car il n'était pas méchant et, paradoxalement, elle mit longtemps avant de boire une goutte d'alcool elle-même, marquée par ce qu'elle avait observé.

Malgré ses failles, son père possédait un talent de bricoleur hors pair. Durant ses après-midis libres après le marché, il agrandit la maison, doublant sa surface. « Il construisit cette grande salle à manger que ma mère avait toujours souhaitée, meublée avec ces fameux meubles en merisier. » La table, les chaises, le buffet, la vitrine... tout reflétait les goûts de sa mère pour le beau, presque en hommage à une stabilité familiale qui, malgré les apparences, semblait toujours lui échapper.

À mesure que les années passaient, l'obsession de mes parents pour le luxe, l'argent, et l'apparence s'intensifiait. Ils se créaient une image de succès, se montrant fiers, en dissimulant soigneusement les fissures d'une famille ébranlée. Comme dans un rôle imposé, je jouais le jeu. Sans en être consciente, je ne parlais jamais de ce qui se passait à la maison, ni à mes amies, ni même à ma grand-mère. Peut-être par honte, peut-être par déni… En tout cas, je gardais tout pour moi. J'étais devenue une experte en communication dès mon plus jeune âge, un peu comme une vraie commerciale.

Je me souviens d'un incident marquant. Un soir, lors d'une énième dispute avec ma mère, mon père, en état d'ivresse, avait menacé de se suicider et avait sauté du balcon. Heureusement, il n'était tombé que de trois mètres de haut, mais il s'était fracturé les talons, le laissant immobilisé pour plusieurs semaines. Dans la cuisine, où il avait fait descendre son lit, il passait ses journées à faire des puzzles, le visage hanté. Quant à ma mère, elle m'avait confié une version officielle à raconter aux autres : il était « tombé en changeant une ampoule extérieure ». J'avais à peine dix ans et je m'étais conformée à ce récit, sans poser de questions.

Mon père avait tenté de s'en sortir. Il avait suivi une cure de désintoxication, et d'autres encore par la suite, mais il a toujours repris…

Souvent, mon frère et moi les accompagnions sur les marchés, les week-ends et pendant les vacances scolaires. J'avais appris à aimer ces moments, surtout quand nous étions sur les foires : avec l'argent qu'ils nous donnaient, nous allions faire des tours aux auto-tamponneuses, ce que j'adorais. Le commerce faisait partie intégrante de notre vie, si bien que je ne saurais même pas dire à quel âge j'avais commencé. Pour les collègues de marché, j'étais devenue une figure familière. Ils m'avaient vue grandir, déballer, remballer, saluer les clients, et même conseiller les tailles et les couleurs. Je jouais les « vendeuses en herbe », prenant mes responsabilités au sérieux. J'encaissais les paiements, rendais la monnaie... un vrai petit salarié.

C'était grâce à ces journées que je gagnais mon argent de poche. Lorsque les affaires ralentissaient, j'en profitais pour me retirer dans le camion, mes cahiers ouverts sur les genoux, révisant mes cours ou finissant mes devoirs. Dans ce quotidien chaotique, je me construisais, entre le marché et les études, développant bien malgré moi une carapace et une certaine maturité que peu de mes camarades pouvaient comprendre.

Un Noël, j'avais autour de dix ou douze ans, j'ai reçu une chaîne hi-fi. Un super cadeau, en apparence. Pourtant, je me souviens de ma réaction comme si c'était hier : à peine avais-je déballé l'objet que, dans une impulsion rageuse, je l'ai jeté par terre en criant que c'était nul. Puis, submergée par une colère inexplicable, je suis montée en trombe dans ma chambre, les larmes aux yeux. Je ne voulais pas de cadeaux, pas de cette façade joyeuse qu'ils tentaient de maintenir. Je voulais autre chose, quelque chose d'indéfinissable, et eux ne comprenaient rien.

Peu après, j'ai commencé à fuguer, un vélo pour seul allié. Je n'allais pas bien loin, juste dans les champs voisins, mais cette échappée me donnait un semblant de liberté. Je me souviens encore de ma mère passant en voiture, me cherchant désespérément, tandis que je me cachais dans le fossé, le cœur battant entre défi et peur d'être découverte.

À douze ans, je n'aspirais qu'à une seule chose : la liberté. Je me répétais sans cesse, comme un mantra, « vivement mes dix-huit ans, que je me casse. » Ces mots étaient mon échappatoire, mon espoir d'une vie loin du poids des incompréhensions et des silences étouffants

Lorsque je suis entrée au lycée, un tout nouveau monde s'est ouvert à moi. J'avais enfin accès à la grande ville de Rennes, à la liberté, à l'effervescence des rues, et à la possibilité de me faire de nouveaux amis. Ce fut une bouffée d'air frais. Pourtant, la situation familiale restait extrêmement compliquée et pesante, comme une ombre qui me suivait partout. Cette année-là, il m'a été difficile de me concentrer pleinement sur ma scolarité. Les cours semblaient parfois bien loin de mes préoccupations, éclipsés par tout ce que je vivais et ressentais à la maison.

Un jour, alors que mon père était parti conduire mon frère pour un voyage scolaire, ma mère, d'une voix précipitée, m'annonça que nous devions partir, immédiatement. « Prends tout ce que tu peux », me dit-elle. Sans réfléchir, je me mis à balayer mes vêtements d'un grand geste, les entassant dans des sacs poubelles à la hâte. Je remplissais les sacs, lançant tout ce qui me tombait sous la main, comme si chaque minute comptait. Une fois les sacs chargés dans le camion, nous nous sommes précipitées dedans, le cœur battant. C'était l'instant décisif : quitter cette vie, s'échapper...

Cette fuite, c'était l'aboutissement de mois de menaces, de discussions sur le divorce qui restaient sans suite, de visites chez l'avocat où j'avais même accompagné ma mère. Mon père, lui, refusait de divorcer ; il était devenu totalement dépendant d'elle, une sorte de mélange étrange entre amour et besoin, où la passion de la jeunesse semblait avoir laissé place à une relation faite de dépendance et de blessures partagées. Mais ce jour-là, pour la première fois, elle avait pris la décision de partir. Cela devait être au mois de juin.

Elle me dit que nous allions nous réfugier chez un ami, et, après quelques kilomètres, nous sommes arrivées chez un de ses collègues de marché, un horticulteur que je connaissais vaguement de vue. À l'époque, je n'avais que quinze ans, et rien de tout cela ne faisait sens pour moi. Il nous a cachées quelques jours, mais l'angoisse était constante : il ne fallait surtout pas que mon père découvre où nous étions. La maison de campagne de cet homme est gravée dans ma mémoire. Je me souviens de détails étranges, comme de m'être brossé les dents dans la baignoire. Je pense que cela symbolisait pour moi cette situation inhabituelle, presque irréelle.

À ce moment-là, dans mon esprit, ma mère et cet homme n'étaient que des amis. J'étais naïve, persuadée que leur relation avait commencé après notre fuite. Cependant, j'ai fini par comprendre plus tard que leur liaison avait déjà débuté. Ces quelques jours chez lui faisaient en réalité partie d'un plan déjà bien réfléchi. Ma mère m'a d'ailleurs demandé de ne jamais rien révéler de tout cela, et je n'ai jamais trahi son secret, même bien des années après, malgré toutes les blessures et les injustices que j'ai pu subir de sa part. Mon père est décédé l'année dernière, et c'est aujourd'hui seulement que je me permets de parler de tout cela.

Nous avons quitté tous les trois sa maison et nous sommes finalement installés dans un camping à 150 kms dans le département voisin, au milieu de l'été. Nous vivions dans une caravane, un peu comme des nomades, avec les deux camions, celui de ma mère et celui de son compagnon. La situation avait quelque chose de précaire, et je ressentais une gêne de cette image que nous projetions au camping. Nous avons passé l'été à travailler sur les marchés, cherchant aussi activement une maison. Nous avons fini par trouver un logement à la rentrée.

Rapidement, la vie reprit son cours. Son compagnon était quelqu'un de sympathique avec qui je m'entendais bien. J'ai repris le lycée où ma mère m'avait inscrite, et j'ai dû redoubler mon année de seconde. J'avais toujours dans l'idée d'être professeur d'anglais et j'ai ensuite poursuivie en littéraire. Ma meilleure amie Jessica, elle, voulait être professeur d'espagnol et elle y est d'ailleurs parvenue d'après les nouvelles que j'ai eues il y a quelques temps.

Je fréquentais le lycée toute la semaine, jusqu'au samedi midi. Chaque après-midi, je rejoignais ma mère pour l'aider à vendre devant un supermarché où elle déballait sa marchandise jusqu'au soir. Et le dimanche, je me retrouvais à ses côtés au marché. À la maison, l'atmosphère devenait tendue entre elle et son compagnon, qui la trouvait « chiante » et trop exigeante. Quelques mois plus tard, leur relation s'étiola, et il finit par partir, sans que je ne comprenne vraiment pourquoi.

Pendant ce temps, le divorce entre mes parents avait été prononcé. Mon père ne savait toujours pas précisément où nous étions, mais nous gardions des contacts sporadiques. J'avais parfois mon père au téléphone, tout comme ma mère appelait mon frère, mais jamais nous ne révélions où nous vivions. Mon frère, lui, était resté avec notre père, attaché à l'idée de ne pas le laisser seul. Il n'avait que 11 ans à l'époque, mais déjà, un sens de la responsabilité pesait sur lui.

Les choses finirent par se stabiliser quelque peu. J'allais de temps en temps chez mon père, et malgré ses habitudes qui ne changeaient pas, nous passions de bons moments ensemble. Je revoyais aussi ma grand-mère, j'étais trop contente.

Pour moi, ce rythme de vie n'a pas duré longtemps. Peu de mois s'écoulèrent avant que je rencontre celui qui allait devenir mon futur mari. À 17 ans, j'étais déjà en quête d'indépendance. Ma mère, quant à elle, venait d'engager l'achat d'une maison et devenait de plus en plus exigeante, avec une tendance directive. Lors du déménagement, mon ami et moi avons déplacé l'intégralité de ses affaires et installé les meubles et les lits, tandis qu'elle continuait de travailler. Mais la tension entre nous grandissait : elle n'arrêtait pas de ressasser les mêmes plaintes sur mon père, leur maison, les meubles qu'il utilisait, et son envie de récupérer mon frère.

À bout de patience, je ne me voyais pas emménager dans cette nouvelle maison avec elle. J'ai donc pris la décision d'abandonner mes études pour entrer dans la vie active, un choix déchirant pour moi qui avait tant investi d'années dans le rêve de devenir professeur d'anglais. Mais à ce moment-là, un instinct de survie presque animal s'imposait à moi : je suffoquais, en quête désespérée d'air, de paix, de liberté. Ma mère, par ses gestes et ses mots, m'étouffait jour après jour, me réduisant, minant chaque parcelle de moi-même. Il n'y avait plus d'alternative ; il me fallait fuir pour me préserver, pour retrouver une vie qui soit la mienne. Je me suis donc rendue auprès du conseiller d'éducation du lycée et lui ai annoncé mon choix. C'était en janvier ou février. « Sophie, non, tu fais une erreur ! » m'a-t-il répondu. « Ne lâche pas maintenant, tu es douée, passe au moins ton bac, et après tu pourras faire ce que tu voudras. » Je le remercie encore car j'ai repris mes études 20 ans plus tard et j'exerce aujourd'hui dans l'enseignement.

Il m'a alors proposé une place à l'internat, m'assurant que je n'aurais à me préoccuper de rien, et que je pourrais aller au bout de l'année, l'examen étant si proche. Il m'a dirigée vers l'assistante sociale, à qui j'ai exposé la situation, lui expliquant que je ne pouvais plus supporter la pression à la maison et que je cherchais juste un peu de paix. Elle a dû mobiliser des ressources de son côté, car quelques jours plus tard, j'intégrais l'internat. Finalement, j'ai pu finir mon année scolaire dans cet environnement plus stable, et j'ai obtenu mon bac.

Quand mon conjoint est parti faire son service militaire, j'ai dû revenir quelques semaines chez mon père, le temps de trouver un emploi et un logement. Je me souviens de cette période de grosse galère où mon conjoint et moi n'avions même pas à manger car entre le loyer, le prêt de la voiture... avec mon seul salaire de misère. Il me ramenait des confitures, du chocolat et des pains qu'il récupérait à l'armée. Jamais nous n'avons demandé quoi que ce soit, personne ne le savait. Mes parents s'en fichait et mes beaux-parents étaient loin. Mais on s'en est sortis !

De son côté, ma mère n'a pas du tout apprécié mon départ. Elle était furieuse et ne voulait plus me voir ni me parler. Peu importait, je poursuivais mon chemin, déterminée à construire ma vie. J'avais ce rêve d'enfant, d'une famille avec mon compagnon. À 19 ans, j'étais enceinte de notre première fille, un bonheur immense, même si nos débuts étaient difficiles et marqués par les soucis financiers et l'absence de soutien familial. Malgré tout, nous étions heureux.

Pendant ma grossesse, j'ai trouvé du réconfort auprès de ma grand-mère, que je voyais presque tous les jours. Vivant à proximité, je profitais de ces instants où je me posais avec elle autour de sa table ronde, le café fumant, et cette boîte à gâteaux toujours présente. Mémé a partagé tous les moments importants de cette grossesse, des échographies aux premiers coups de pied. Elle a comblé le vide laissé par ma mère, avec qui je n'avais plus de contact.

Mon père, lui, s'enfonçait toujours plus dans l'alcool, une situation dont j'avais honte. Par habitude, je faisais semblant de ne rien voir. Mon frère, lui, avait finalement été récupéré par ma mère grâce à une décision de justice, il avait 15 ans et il vivait désormais avec elle. Je me souviens d'un repas au restaurant avec mon père, où il nous avait invités. Déjà ivre, il avait exhibé devant le serveur une liasse de billets, une scène de gêne immense.

La rupture avec ma mère me pesait, surtout en ces moments importants où j'aurais aimé sa présence. Je ne comprenais pas pourquoi elle m'en voulait autant. J'avais en moi ce besoin de famille, des valeurs que j'avais développées malgré tout, et qui ne me venaient pas de mes parents, mais peut-être d'une quête personnelle. J'avais tant d'amour à donner. J'ai accouché et j'étais entourée de mon compagnon, de ma belle-famille, de ma grand-mère, et même de mon père. Avec mon conjoint, nous avons choisi de nommer sa sœur marraine et mon frère parrain de notre fille. Ce choix était pour moi chargé de symboles et de valeurs familiales profondes, malgré les épreuves que nous avions traversées. C'était une façon de resserrer les liens, de faire de cette nouvelle génération un symbole de paix et de renouveau.

Le jour de mon mariage, mon père n'a pas pu s'empêcher de s'enivrer d'alcool. Les invités ont tenté de l'éloigner discrètement pour m'épargner cette scène, mais je l'ai vu. Pourtant, cela ne m'a pas perturbée. J'étais déjà résignée, comme si ce genre de dérapage faisait partie de l'ordre des choses.

Ma mère, de son côté, semblait presque satisfaite. Elle jouait son rôle à la perfection, celui de la femme qui supportait et aidait ce pauvre homme qu'il était devenu. Tout était bien orchestré pour que les regards compatissants se tournent vers elle, comme si elle n'attendait que cette mise en scène pour offrir au monde une version soigneusement construite de sa réalité.

Mon frère et moi ne nous voyions presque plus, les chemins de nos vies s'étaient éloignés au fil des années. Cependant, le temps et la maturité avaient calmé les rancœurs. Nos échanges, bien que rares, étaient maintenant plus sereins, comme si, malgré la distance, une forme d'apaisement s'était doucement installée.

Quelques mois plus tard, alors que ma fille avait six mois, j'ai décidé de rappeler ma mère. Je ne voulais pas que ma fille soit privée d'une grand-mère. Ma mère accepta de nous recevoir. Ce jour-là, elle fit enfin la connaissance de sa petite-fille, mais les reproches ne tardèrent pas à ressurgir. Elle me reprochait d'avoir, selon elle, bloqué la procédure de garde pour mon frère, qu'elle considérait comme un obstacle qu'elle avait dû surmonter pour le récupérer. Selon elle, le dossier de l'assistante sociale était entaché de mes prétendus mensonges, ce qui, disait-elle, avait rendu ses démarches si compliquées.

Malgré cette tentative de rapprochement, le mur de reproches restait, et il semblait qu'il faudrait bien plus qu'une rencontre pour le faire tomber.

Un peu plus tard, ma mère a repris la part de mon père sur la maison familiale. Lui, de son côté, est parti s'installer dans un appartement à quelques kilomètres de là, mais la pente a été difficile : il buvait, fumait, et ne travaillait presque plus. Pendant ce temps, ma mère s'est rapprochée de Patrick, le médecin qui, étrangement, avait installé son cabinet dans cette même petite ville peu après son propre divorce. Avec le recul, je réalise que cette relation avait probablement débuté bien avant. Patrick s'est finalement installé chez ma mère, continuant son travail de médecin tandis qu'elle poursuivait les marchés.

Patrick était un homme sympathique et accueillant avec nous. Il aimait bien nous voir arriver avec notre fille, et il faisait de son mieux pour instaurer une ambiance agréable. Pourtant, avec le temps, les tensions se sont révélées : il lui reprochait souvent d'être trop exigeante, agaçante même — un refrain que je connaissais bien. Ma mère couvrait ma fille de cadeaux, de tenues de fille, de chaussures élégantes, jouant avec elle comme on s'amuse avec une poupée lorsqu'on allait chez elle et Patrick. Cela évoquait tristement mon propre passé : j'avais moi aussi été comblée de cadeaux, mais pour ce qui comptait vraiment, il n'y avait rien. C'était comme si elle tentait de se rattraper avec ma fille à chaque visite, achetant ceci et cela, toujours plus. Chez elle, tout pouvait s'acquérir, et chaque geste devenait une monnaie d'échange. Mon père, lui, aimait sincèrement ma fille, sans attentes ni calculs, un attachement qui s'exprimait pleinement quand il n'avait pas bu.

Un jour, il a même frôlé la mort : une cigarette mal éteinte a mis le feu à son canapé alors qu'il s'était assoupi, et il a été sauvé de justesse par un voisin qui a alerté les pompiers. Peu de temps après, il a perdu son permis pour alcool. Il roulait en voiturette.

Quelques mois plus tard, avec mon mari, nous l'avons déménagé et installé dans un autre appartement, dans la même ville que ma mère dans un nouvel appartement car elle l'avait décidé ainsi. Ironie du sort, tout le monde semblait se retrouver mais à 150kms, comme un éternel retour aux sources. Nous l'avons d'ailleurs déménagé encore une fois après. Comme la fois précédente, nous avons retrouvé l'appartement dans un état pitoyable, il a fallu ranger, trier et surtout nettoyer…

La maison familiale, elle, a été reprise par ma mère et mise en location, tandis que mon père, lui, travaillait sous contrat salarié pour elle. La situation était devenue un véritable imbroglio émotionnel, où chacun semblait tirer une couverture déjà bien déchirée. Ma mère m'appelait souvent pour se plaindre de mon père, de mon frère, de Patrick, des marchés ; elle me racontait sans fin ses problèmes, me confiant chaque détail comme si j'étais sa psychologue attitrée. Ces conversations, de plus en plus pesantes, étaient toujours à sens unique. Jamais elle ne prenait le temps de s'intéresser à moi ou à ma propre vie. Avec le recul, j'ai compris quel mot mettre sur cette relation, un mot bien à la mode aujourd'hui mais qui prenait tout son sens dans la relation que ma mère entretenait avec moi : toxique.

Un jour, alors que je m'occupais de notre fille âgée d'un an, mon mari, voyant que l'appel se prolongeait, m'a attaché une écharpe autour de la tête pour maintenir le téléphone en place. Cela me permettait de continuer mes tâches, ponctuant à peine la conversation de quelques « Hum, oui, oui... » tout en supportant le poids émotionnel d'une discussion interminable. Malgré cette toxicité envahissante, mon respect et mes valeurs m'empêchaient de couper les ponts. Je me souciais pour eux, sans doute, même si je savais que cela nuisait à ma propre tranquillité.

Ma mère n'a jamais vraiment apprécié le fait de devenir grand-mère. Ce statut, auquel elle avait accédé à seulement 39 ans, semblait lui déplaire profondément. Elle avait d'ailleurs fait une grimace quand on lui annoncé le prénom que l'on avait inventé pour notre fille. Derrière ses gestes et ses remarques se dissimulait une ombre de ressentiment, un soupçon de jalousie dirigé contre ma jeunesse. Elle, qui ne cessait de se battre contre les signes du temps, voyait dans mon bonheur quelque chose de provocant, presque irritant. Avec le temps, elle a pris l'habitude d'afficher une satisfaction faussement bienveillante, de faire semblant d'être heureuse pour moi. Mais, en vérité, ma vie et mes choix l'exaspéraient de plus en plus. Ce sentiment, que je devinais sans pouvoir vraiment l'identifier à l'époque, semblait se glisser dans ses regards et ses mots, une hostilité diffuse que je ne savais pas encore nommer.

Entre-temps, je faisais ma vie avec mon mari et notre fille à 150 kms de là et heureusement. J'ai commencé à travailler sur les marchés, d'abord comme salariée, puis, deux ans plus tard, je me suis installée à mon compte. J'étais une acharnée du travail, je vivais travail, pensais travail, mangeait travail. En fait, j'ai compris bien plus tard que c'est le mode éducatif que j'ai eu : cette valeur du travail. Toute ma vie durant et aujourd'hui encore, je n'arrive pas vraiment à faire la part des choses et à fermer la porte du travail quand je rentre chez moi, j'anticipe toujours les choses, je m'investis à fond, j'ai souvent été déçu par les autres qui sont soit jaloux, soit fainéants, soit planqués et je me fatigue mentalement...

Mes parents étaient tout sourire à l'idée de dire que leur fille suivait leur propre chemin, une fierté rare, sans doute la seule fois où je l'ai vraiment ressentie de leur part. Dans cette période, en côtoyant d'anciens collègues de mes parents, les langues ont fini par se délier. J'ai alors appris que ma mère avait eu une autre liaison, encore une fois avec l'un de ses anciens collaborateurs. Et quelque chose en moi sait que ce n'est probablement pas tout. Je commençais à entrevoir l'histoire de mon père aussi, l'envers de cette dynamique, même si cela ne justifie rien—ni pour l'un ni pour l'autre.

À l'âge de 16 ans, mon frère, déjà marqué par les épreuves et peu en phase avec le système scolaire traditionnel, avait commencé un CAP en mécanique et travaillait dans un garage. Cependant, ce nouvel environnement, loin de l'apaiser, l'avait entraîné dans des fréquentations hasardeuses. Très perturbé, il s'est rapidement laissé entraîner dans un tourbillon de soirées, de raves party et de conduites destructrices ; il se retrouvait régulièrement impliqué dans des incidents nécessitant l'intervention de la gendarmerie où ma mère le récupérait. Il fumait, buvait et semblait échapper complètement à la vigilance de ma mère, qui avait perdu tout contrôle sur lui.

De mon côté, les nouvelles de ma famille ne venaient que de moi-même. On ne me demandait jamais comment j'allais. Ma mère répétait toujours que Sophie, elle, se débrouille toute seule, mais que son frère, lui, était fragile — un discours qui l'aura accompagné depuis l'enfance.

Je me souviens d'un soir où, alors que je partais travailler, mon camion est tombé en panne. Mes beaux-parents m'ont alors prêté leur voiture et une remorque pour que je puisse maintenir mon activité. J'avais dû passer la nuit chez ma mère pour repartir le lendemain matin. Ce matin-là, j'entends mon frère dans la cuisine, critiquant la voiture de mes beaux-parents et disant, plein de mépris, que « c'était comme donner du caviar à des porcs ». Cette remarque m'a profondément agacée, et une dispute a éclaté entre nous. En pleine crise de rage, il est devenu menaçant, et j'ai vraiment craint qu'il ne me frappe. Il est sorti brusquement et a, dans un acte de vengeance pure, saboté la voiture pour que je ne puisse pas démarrer. Résultat, j'ai raté ma journée de marché, perdu une grande partie de mes marchandises, et vu mes efforts ruinés alors que je débutais à peine.

J'ai dû faire appel à un dépanneur en milieu de journée, mais cette fois-ci, j'ai décidé que c'était trop. Il était temps de ne plus rien laisser passer. Mon frère, qui était un passionné de tuning et fièrement propriétaire d'une 405 modifiée, avait cette fois dépassé les bornes. Avant de partir, j'ai pris les cagettes de fruits et légumes que j'avais perdues et les ai vidées dans sa voiture.

Ce soir-là, ma mère m'appelle, affolée. Elle me dit de fuir immédiatement avec mon mari et ma fille, car mon frère, pris d'une folie incontrôlable, aurait pris une arbalète, décidé à nous traquer. Nous avons ramassé quelques affaires de première nécessité et pris la fuite, nous réfugiant d'abord dans un hôtel, puis chez mes beaux-parents pendant quelques jours. Heureusement, à notre retour, nous avons trouvé notre domicile intact. Mon frère, finalement, s'était calmé et nous avons fini par avoir une explication.

Le parcours de mon frère se révélait de plus en plus sombre. Ce qu'il avait traversé dans cette enfance chaotique l'avait laissé brisé, désorienté, et au fil des années, il s'est enfoncé dans les méandres de la drogue, suivi d'hospitalisations en psychiatrie. Mais c'était un sujet dont on ne parlait pas. Ma mère avait tenu secret l'état de mon frère, et même des années plus tard, personne ne savait vraiment ce qu'il était devenu. La fierté familiale, aussi fragile soit-elle, devait être préservée.

Il a finalement été diagnostiqué schizophrène. Et en effet, cela expliquait tant de comportements passés : ses accès de fureur, ses visions d'êtres imaginaires qui l'attaquaient, la peur de silhouettes invisibles qui l'observaient. Lors d'une visite à l'hôpital psychiatrique, je me suis retrouvée face à un homme que je ne reconnaissais plus, affaibli par les médicaments.

Au fil du temps, j'ai pris une décision cruciale : arrêter les marchés. Je ne voulais pas offrir à ma fille la même vie que j'avais eue, où le travail dominait au détriment de tout le reste. Je souhaitais profiter d'elle, vivre des jours de repos, et mettre ma famille avant l'argent. Mes parents ont vu cela comme une grave erreur. Ils ont jugé ma décision « insignifiante », allant jusqu'à dire que je choisis la vie d'un « petit ». J'étais devenue leur honte. Malgré tout, j'ai changé de cap et de métier. Avec des revenus modestes et une vie sans prétention, nous passions des bons moments en famille, et nous étions heureux ainsi.

J'ai eu la chance de développer une force intérieure qui m'a permis de dépasser ces schémas familiaux, ainsi que le soutien indéfectible de mon mari, de mes beaux-parents, et de ma fille.

Mon frère, lui, avait, un temps, regagné la maison de notre mère avant de partir vivre en caravane avec des amis, naviguant entre deux vies. Il avait alors 22 ans, mais semblait perdu dans un monde qui n'était plus tout à fait le sien. Son talent pour la mécanique, pourtant remarquable, restait en suspens, comme lui. Il s'était attaché à une jeune femme, un lien intense qui devint sa seule issue. Mais lorsqu'il découvrit qu'elle l'avait trahi avec son meilleur ami, il s'effondra. Cette dépendance affective, ce besoin d'attache, résonnait dans l'histoire de notre famille, écho direct de la relation entre mon père et ma mère.

En août 2004, nous étions en vacances, loin des appels pesants de ma mère, lorsqu'à notre retour, mon beau-père m'appela pour m'informer de la mort de mon frère. Il était parti depuis la veille et on l'avait retrouvé dans une forêt, dans sa voiture, entouré de son vomi. Il s'était suicidé.

À notre arrivée chez ma mère, la réalité de sa disparition s'imposa. Dans son portefeuille, il conservait une photo de ma fille, comme une preuve de l'attachement qu'il lui portait en tant que parrain. Un lien, malgré tout. Il avait ingéré des médicaments, accompagnés d'une forte dose d'alcool, un mélange qu'il avait sûrement prémédité. En y réfléchissant, j'ai compris qu'il avait probablement fait plusieurs pharmacies, accumulé de quoi partir. Tout avait été pensé, méthodiquement.

Nous sommes restés pour l'organisation des obsèques. Ce jour-là, j'ai puisé en moi une force immense pour lire un discours dans l'église. Sa présence pesait dans chaque mot, chaque silence. Son ex-copine, elle, se tenait sur le parvis. Je n'ai rien dit, bien que sa présence fût une blessure, mais ce n'était pas le moment d'en rajouter.

En quittant l'église, j'ai voulu prendre le bras droit de ma mère pour la soutenir. Elle tenait déjà Patrick à gauche, et me repoussa. Une image forte s'imposa : elle voulait montrer un visage de dignité, mais seulement à deux. Ce geste, en apparence insignifiant, a finalement marqué la distance qu'elle a continué d'installer entre nous par la suite. Dans ses yeux, l'enfant préféré était parti.

Ma douleur, pour mes parents, n'existait pas. Mon père, faible et surtout toujours alcoolique, suivait les décisions de ma mère. Un caveau familial fut construit par ma mère, immense et ostentatoire, avec une gravure représentant une voiture de course, comme un hommage à la passion de mon frère, mais plus encore, un monument à la vanité. Même au cimetière, il faut être les meilleurs. Mon frère, lui s'en serait passé, je vous l'assure. Ce n'était pas du genre à vouloir se faire remarquer.

Quelques semaines après, j'ai reçu un courrier. Mon frère, quelques mois avant son départ, avait souscrit une assurance-vie au nom de ma fille. Il n'avait pas les moyens de s'assumer et il avait malgré tout pensé à ma fille avec le si peu qu'il avait, un signe de la réflexion intense qui avait accompagné ses derniers choix. Il avait souhaité la fin, avec une volonté totale, et finalement, dans ce drame, une part de moi s'est sentie soulagée pour lui.

Je suis restée sidérée par ce drame et tout ce qui en découlait. Personne n'a été là pour m'écouter, personne pour me soutenir, comme si ma propre douleur n'existait pas. Ma mère, encore une fois, prenait place au centre de tout, comme si son monde seul avait le droit d'être ébranlé. Ma souffrance ? Ignorée. Pourtant, je comprenais, je tenais bon, pour elle, pour mon père. Ce passage douloureux a éveillé en moi une envie intense de renaître, de profiter de la vie, de créer, et surtout, de faire en sorte que ma fille ne connaisse pas la solitude. Ce lien fraternel que je n'avais pas vraiment pu goûter dans les faits, je voulais que ma fille, elle, puisse le vivre pleinement. Avec mon mari, nous avons décidé de faire un nouvel enfant, de repenser notre quotidien pour lui offrir une vie de famille soudée, riche de moments partagés, et, surtout, pleine d'amour.

Quelques mois plus tard, je tombais enceinte, et notre deuxième fille est née presque jour pour jour après l'anniversaire de la mort de mon frère. En annonçant la nouvelle à mon père, je l'ai vu heureux pour nous. Mais ma mère ? Aucune réaction, rien. Un « c'est bien » forcé, au mieux. Nos relations, déjà faussées, avaient pris un tour encore plus dur depuis la disparition de mon frère. Pour Noël, elle me disait : « achète ce que tu veux pour ta fille et je te rembourserai ». Et ainsi, anniversaires après anniversaires, j'emballais des cadeaux « de la part de mamie », par simple façade. Ma mère travaillait avec mon père, qu'elle avait engagé et qu'elle maintenait sous son emprise ; et lui, buvant toujours, semblait lui être redevable d'un rôle sacrificiel dont elle seule tirait gloire. Personne ne lui avait demandé de tout gérer, de tout dominer, mais elle était maître du jeu, comme toujours.

Lors de ma deuxième échographie, nous avons appris que c'était une fille. J'étais comblée. Une fille ! Encore aujourd'hui, j'en pleure en repensant à cet instant. J'avais imaginé que deux filles, avec autant d'écart, partageraient complicité et tendresse. Déjà, je les imaginais, unies par des intérêts communs, des éclats de rire autour des tenues, des bijoux, des coiffures. En quittant l'hôpital ce jour-là, j'ai appelé celle qui avait toujours montré un véritable intérêt pour moi : Mémé. Ce coup de fil à ma grand-mère, sa joie partagée, tout me reste gravé. Pendant ce temps, nous construisions notre maison, et mes beaux-parents s'étaient investis dans chaque étape. Mes parents, eux, n'avaient jamais mis les pieds sur le chantier. Nous étions dans l'urgence de terminer avant l'arrivée de notre fille, au point de passer le dernier mois de ma grossesse dans une caravane sur le terrain. Mon père, qui aurait pu nous aider, ne s'est même pas manifesté, entièrement sous l'emprise de ma mère.

Une fois encore, pour ma seconde fille, l'histoire se répétait. La naissance de notre deuxième fille fut une joie immense. Le lendemain, ma belle-famille était déjà à mes côtés à la maternité, ainsi que ma grand-mère, qui, malgré son âge et sans permis, avait fait le trajet avec une grande tante. Mon père, lui, m'appela le lendemain pour m'expliquer que ni lui ni ma mère ne pouvaient venir parce qu'ils étaient rentrés de Paris trois jours avant, et ma mère « voulait absolument finir d'étiqueter ». Lui « serait bien venu », mais il n'avait pas osé. Cette excuse m'a laissée sans voix, une déception si grande qu'elle m'en laissa muette. Cette indifférence m'a blessée profondément mais j'avais ma propre famille, et nous étions heureux.

Avec le temps, bien des années plus tard, j'ai compris que ma deuxième fille, parce qu'elle était une fille, ne représentait aucun intérêt pour ma mère. Elle ne comblait pas l'absence de mon frère ; elle ne constituait pas un « substitut ». Pire encore, elle symbolisait ma vitalité, un bonheur que ma mère semblait détester me voir vivre. Alors j'ai fait comme si cela n'était rien, nous avons continué notre chemin, avec des appels réguliers avec mes parents pour entendre l'un se plaindre et l'autre difficilement articuler s'il était trop tard.

Les mois qui ont suivis, les visites de ma mère et de Patrick à notre maison étaient rares, et mon père n'y venait pas davantage. Lors du baptême de ma fille, leur présence était presque forcée : un passage éclair avant de s'éclipser avant même le café, refusant de s'intégrer aux échanges ou de partager l'après-midi de balade en famille.

Un an plus tard, pour les 30 ans surprises de mon mari, que j'avais organisés dans une salle des fêtes, ils étaient bien sûr invités. Mais ma mère m'a appelée pour m'expliquer : « Tu comprends, Sophie, on n'a pas envie de voir du monde. Et ton père, ça va encore être une excuse pour picoler... » Cette rengaine se répétait pour toutes les invitations : « Tu comprends, Sophie, on bosse le dimanche, on est crevés. »

Je passais outre, comme toujours, encaissant les refus et supportant ces conversations unilatérales depuis des années, déjà dix à ce moment-là. Puis, l'année du CM1 de ma fille aînée, tout a basculé. Elle a commencé à subir du harcèlement à l'école : mise de côté, dernière choisie dans les groupes de sport, moqueries incessantes. Elle, si gentille, douce et docile, était devenue une proie idéale pour des camarades malveillants en quête d'un semblant de pouvoir. Elle se refermait sur elle-même. Sa joie naturelle et son goût pour l'école s'effaçaient. J'ai tout essayé : parler aux enseignants, aux parents d'élèves, mais rien n'y faisait. Sa santé déclinait. Elle ne mangeait presque plus, devenait pâle et maigre. Ses douleurs au ventre étaient telles que je devais l'emmener à l'hôpital, parfois en pleine nuit. On suspectait même un ulcère à l'estomac. Elle passait ses journées allongée, épuisée, brisée.

Cette période fut une horreur, un mélange d'injustice et d'impuissance. À l'époque, le mot « harcèlement » n'était pas aussi reconnu qu'aujourd'hui. Il n'y avait ni procédure, ni soutien ; les harceleurs agissaient sans crainte de conséquences. En mars, à bout de solutions, j'ai décidé de retirer ma fille de l'école. J'ai averti la direction que peu importaient leurs menaces, je ne laisserais pas ma fille souffrir davantage. Nous avons fait l'école à la maison. C'était une période très compliquée pour notre famille.

Ce printemps-là, lors des 40 ans de mon oncle – le beau-frère de ma mère –, j'ai croisé ma mère. Nos échanges furent presque inexistants. En août, exténués, nous sommes partis en vacances avec l'espoir de retrouver un peu de légèreté et de joie. Après quinze jours merveilleux, nous sommes rentrés, mais la date de l'anniversaire du décès de mon frère approchait. Je me suis dit qu'il fallait que j'appelle ma mère, Patrick et mon père pour leur proposer de venir à l'anniversaire des 3 ans de ma plus jeune fille.

Quand j'ai appelé, ma mère a décroché en disant : « Ah, bah, je croyais que t'étais morte. » Cette entrée en matière m'a glacée. Contenant ma colère, je lui ai répondu : « Non, je ne suis pas morte, mais on a eu pas mal de galères ces derniers temps avec la santé de ta petite-fille. Bref, je voulais vous inviter pour l'anniversaire de la petite » Sa réponse ? « Tu comprends, Sophie, avec le marché le dimanche, on est crevés. Ce n'est pas possible pour nous. » Là, quelque chose en moi a craqué. Je n'en pouvais plus de ce mépris constant. Alors, pour la première fois, je me suis défendue. Je lui ai dit : « C'est quoi le problème, au fond ? Il y a quelques semaines, pour l'anniversaire de ton beau-frère, prendre un dimanche n'a pas semblé poser de problème. »

Ce qu'elle a répondu m'a laissée sans voix : « Mais t'as pas encore compris, Sophie, que je ne supporte pas de te voir heureuse alors que ton frère est sous la terre ? Et l'héritage, ce n'est pas la peine d'y compter. »

Parler d'argent ? Là, je n'en croyais pas mes oreilles. C'était au-delà du mépris. C'était une haine glaciale, incompréhensible. J'ai simplement répondu : « Si c'est ce que tu penses de moi, on n'a plus rien à se dire. » Et j'ai raccroché.

C'était la dernière fois que j'ai entendu la voix de ma mère. Cela fait maintenant 17 ans. Ces mots, cette violence, étaient impardonnables. Comment une mère peut-elle dire ça à son enfant ? Elle m'en voulait d'être vivante, comme si j'aurais dû mourir à la place de mon frère. Pire encore, elle insinuait que c'était ma faute. Et cette histoire d'argent… Quelle honte. Jamais je n'avais pensé à ce sujet et par conséquent ne l'avais jamais abordé. Mais ma mère, obsédée par son argent, en avait fait une arme. Ce fut la goutte d'eau. Ce jour-là, j'ai compris qu'elle ne m'avait jamais considérée comme une fille, mais comme une ombre dérangeante dans sa vie.

Quatre jours après cet événement, c'était l'anniversaire de mon père. Comme à mon habitude, je l'ai appelé pour lui souhaiter. La conversation s'est déroulée avec simplicité ; il m'a remerciée chaleureusement, mais ce fut la dernière fois que j'eus de ses nouvelles. Plus aucun appel, aucun message. Rien. Ma mère avait, sans doute, déjà soufflé à son oreille sa propre version des faits.

Je n'ai pas cherché à me justifier. Fatiguée par leurs conflits incessants et l'usure émotionnelle qu'ils avaient imposée à ma vie, j'ai décidé de lâcher prise. On pouvait bien dire tout et n'importe quoi à mon sujet dans la famille, cela m'importait peu. Ce que je voulais, c'était la paix, même si cela signifiait renoncer à ces liens troublés.

Peu après, ma mère a commencé à envoyer des cartes postales destinées à ma fille aînée. Elle avait neuf ans, et ses grands-parents, qu'elle voyait si rarement, étaient pour elle des étrangers. Elle n'éprouvait aucune envie de répondre. Pourtant, je l'ai poussée à le faire, pensant préserver ce lien générationnel. À plusieurs reprises, je lui ai dicté des mots sur des cartes que j'avais achetées, persuadée que maintenir cette relation était essentiel. Mais ma fille, encore si jeune, ne comprenait pas. La troisième fois, elle s'est mise à pleurer, et j'ai compris que je faisais fausse route.

Je lui ai alors expliqué, avec des mots à sa portée, que les problèmes entre ses grands-parents et moi n'étaient pas les siens. Elle n'avait pas à porter ce fardeau. J'ai promis que je ne la forcerais plus à écrire et que j'allais prendre les choses en main. J'ai rédigé une lettre, adressée "aux grands-parents de mes enfants". J'y exposais la vérité : ma fille était bouleversée par ces échanges forcés, et si une relation devait exister, elle devait se construire autrement. Je proposais des rencontres en personne, à l'image de ce que faisaient les autres grands-parents, bienveillants et présents.

Cette lettre resta sans réponse. Rien. Ni pour moi, ni pour mes filles. Le temps a fait son œuvre, et notre petite famille a continué son chemin, sans mes parents ni le reste de la famille élargie, qui s'éloignait également. Je savais que ma mère colportait des propos toxiques à mon sujet. Elle avait ce talent pour manipuler, jouant les héroïnes dévouées qui avaient sauvé mon père de ses travers. Elle savait s'attirer des louanges, distribuait des cadeaux gênants pour marquer son contrôle, et cultivait l'art de la manipulation avec une aisance glaçante.

Pendant des années, j'ai continué à envoyer des cartes de vœux à mes oncles et tantes, gardant une pensée pour mes cousins et cousines. Mais à force de n'avoir aucun retour, j'ai fini par abandonner cette tradition. Seule une tante continuait à me répondre, pensant à mes filles avec un petit chèque pour Noël. Ce geste me réchauffait le cœur, un signe que nous n'étions pas complètement effacés aux yeux de tous.

Ma grand-mère, quant à elle, avait rejoint une maison de retraite. Après des débuts difficiles, elle s'y était habituée, retrouvant une forme de sociabilité qu'elle avait perdue. Je l'appelais régulièrement et la visitais lorsque je le pouvais, même si la distance rendait cela difficile. Cependant, la rupture avec mes parents avait creusé un fossé. Je ne savais pas ce que mon père, son fils unique et adoré, avait pu lui dire. Parfois, j'avais l'impression qu'elle aussi voulait rompre avec moi. Cette idée me brisait le cœur.

Pourtant, je refusais de jouer la carte des reproches ou des explications. Je détestais les relations forcées et préférais préserver ce qu'il restait de sincérité entre nous. Un jour, lors d'une conversation, j'ai brièvement évoqué ce dernier appel avec mes parents. Elle n'a rien répondu, changeant rapidement de sujet. J'ai compris que cette situation la mettait mal à l'aise.

Avec le temps, notre relation s'est apaisée, redevenant plus naturelle, bien que cette ombre planât toujours. Ma grand-mère avait cette incroyable faculté de se souvenir de tout. Chaque année, elle appelait pour les anniversaires de mes filles, avec une constance et une attention qui m'émouvaient profondément.

Environ trois ans plus tard, au détour d'une conversation avec ma belle-mère, celle-ci me confia avoir rendu visite à mon père dans son appartement. Elle et mon beau-père, de passage dans les environs, avaient décidé de s'arrêter chez lui. Elle me raconta qu'il lui avait fait de la peine : il semblait bien seul et avait une photo de mes filles posée sur sa télévision. Lors de cette visite, il lui avait timidement demandé des nouvelles des enfants.

En entendant cela, un mélange de pitié et d'espoir s'empara de moi. J'y voyais peut-être un signe, un désir maladroit de reprendre contact avec ses petites-filles, étouffé par sa fierté et, sans doute, l'influence de ma mère. Alors, une fois encore, j'ai décidé de faire le premier pas.

Je demandai à mon mari de l'appeler pour lui proposer une rencontre : soit nous lui emmenions les filles, soit nous trouvions un lieu où nous retrouver. Mais cette initiative fut accueillie avec une froideur cinglante. Mon père envoya littéralement mon mari « se faire voir », lui lançant sèchement qu'il n'avait besoin de rien, qu'il ne voulait voir personne et qu'il n'avait rien demandé. L'appel fut écourté brutalement.

Je me suis sentie profondément humiliée. Une fois de plus, j'avais été naïve, dupe, à espérer une réconciliation ou un semblant de changement. J'étais en colère, non seulement contre moi-même pour avoir encore cru en eux, mais surtout par rapport à mes filles, qui subissaient ce rejet pour la deuxième fois, alors qu'elles n'étaient responsables de rien dans tout cela.

Je leur ai expliqué ce qui s'était passé, avec des mots adaptés à leur âge. Ma fille cadette, trop jeune à l'époque, n'avait quasiment pas de souvenirs de ses grands-parents, et cela ne semblait pas la perturber. Je n'ai jamais cherché à cacher la vérité à mes filles. Au contraire, je leur ai toujours expliqué les événements en temps réel ou, pour ma cadette, plus tard, lorsque le moment s'y prêtait.

Pour moi, il est essentiel de remettre les choses à leur juste place, de ne pas maquiller les faits. Si un jour mes filles devaient juger cette situation ou mes décisions, je voulais qu'elles aient toutes les cartes en main, qu'elles puissent comprendre avec clarté et lucidité.

Je leur ai toujours tenu le même discours : mes parents m'avaient causé trop de mal, et pour moi, la relation était définitivement rompue. Cependant, je leur ai également précisé qu'elles étaient libres de les contacter ou de les voir si elles en ressentaient le désir. Je leur ai même proposé de faciliter ces rencontres, de les organiser ou de les accompagner si elles le souhaitaient. Leur réponse fut sans équivoque : « De toute façon, on ne les connaît pas. »

Cette indifférence, bien que triste, me confirmait que mes filles avaient su se protéger de ce qui, pour moi, avait été une source inépuisable de douleur. Nous avions trouvé notre équilibre, loin de cette toxicité, et c'était tout ce qui comptait.

Lorsque ma grande fille avait environ 12 ans et ma cadette à peine 6, un incident est survenu, révélateur des tensions persistantes avec mes parents. Mes filles étaient en vacances chez ma belle-mère, qui, un jour, les emmena faire un tour au marché. Mes parents y tenaient un stand. Par politesse, les filles furent amenées à les saluer. Tout aurait pu en rester là, mais ma mère, dans un élan soudain, leur proposa de venir dormir chez elle ce soir-là. Surprise par cette invitation inattendue, ma fille aînée désarçonnée, mal à l'aise, se réfugia instinctivement auprès de sa grand-mère en répondant "non".

Cette réponse, sans doute perçue comme un affront, déclencha chez ma mère une crise de colère. Elle hurla sur ma fille, révélant un visage que, jusque-là, mes enfants n'avaient jamais vraiment vu. Elle s'est mise à reprocher à ma grande de ne jamais venir sur la tombe de son parrain, de faire sa petite vie bien tranquillement sans penser à lui. Ma belle-mère, outrée, prit aussitôt la défense de ma fille, et elles s'éloignèrent du stand sans plus tarder. Cet épisode marqua profondément ma grande, qui s'en souvient encore avec une certaine appréhension. Je me suis interrogée sur les motivations réelles de ma mère ce jour-là. Était-ce une véritable envie de se rapprocher, de renouer avec mes filles, peut-être même de combler ses lacunes en tant que mère ? Ou bien s'agissait-il simplement d'une tentative calculée, destinée à manipuler mes enfants pour, en fin de compte, m'atteindre indirectement ? La réponse reste floue, bien que quelques années plus tard, ses actes semblent avoir confirmé la seconde hypothèse.

De mon côté, je continuais ma vie, éloignée de ma famille, privée de ces moments que je considérais pourtant comme essentiels : un anniversaire souhaité, une pensée pour mes enfants, des gestes simples mais pleins de sens. Cette absence m'a poussé à inculquer à mes filles des valeurs solides, une vraie considération pour les liens familiaux, une attention sincère aux autres. J'ai bâti ma vie sur ces principes et, avec le temps, j'ai développé une résilience, une détermination à avancer sans eux.

J'ai appris que Patrick était décédé, en effet, il se battait contre un cancer depuis quelques années et malgré qu'il fût médecin, ça n'a pas suffi. De là, je me suis dit que mon père allait encore continuer à espérer sans doute... Bref, le temps passa tranquillement et loin de toutes ces histoires.

Malgré tout, six ans plus tard, l'idée me vint de tester une dernière fois jusqu'où mes parents étaient capables d'aller dans leur indifférence. J'avais entendu parler de cas de cancer du sein autour de moi, et cela me poussa à imaginer une mise à l'épreuve. Un jour, lors d'un appel avec ma grand-mère, je lui fis part d'une information inventée : des examens médicaux révélaient une suspicion de cancer du sein. Sa réponse fut presque anodine, "Ça se soigne bien, ça, maintenant." Mais je savais que cette nouvelle atteindrait rapidement mes parents.

J'attendais, peut-être naïvement, une réaction, un signe, un mot, n'importe quoi. Les jours passèrent, puis les semaines, et rien. Pas un appel, pas un message. Ce n'était plus seulement de la jalousie ou de la rancœur qui animait mes parents, c'était bien pire. C'était de la haine, pure et profonde. Ils souhaitaient littéralement ma mort. Cette révélation m'a frappée de plein fouet, mais paradoxalement, elle m'a aussi libérée d'un dernier espoir vain. Leur non-réaction a scellé définitivement ma décision de ne plus jamais attendre d'eux ce qu'ils ne sauraient, ni ne voudraient, offrir. J'ai enfin arrêté de me poser des questions, de chercher à comprendre ou à justifier leurs comportements. J'ai dépassé toutes ces barrières intérieures : le respect filial inculqué dès l'enfance, la pitié que j'avais pu ressentir pour leur vie ratée, la compassion qu'ils avaient peut-être suscitée en tant que grands-parents. En réalité, j'avais transcendé mes propres valeurs, ces principes que je portais en moi et qui m'avaient longtemps retenue. La véritable difficulté se trouvait dans cette lutte silencieuse que je menais contre mes propres croyances. En tant que mère, emplie d'un amour inconditionnel pour mes enfants, j'avais nourri l'espoir, presque naïf, que mes parents possédaient, eux aussi, cette capacité à aimer sans limites. Mais j'avais tort. Je les ai regardés pour ce qu'ils étaient réellement : des inconnus, des gens méchants, ayant fait des choix de vie qui n'avaient plus rien à voir avec moi.

Pourtant, ce combat intérieur a été mon plus grand enseignement. A chaque épreuve de ma vie, qu'elle ait été minime ou terrassante, j'ai su me relever, encore et encore et j'ai avancé coûte que coûte. Cette histoire familiale m'a forgée, m'a donné une force que je n'aurais jamais soupçonnée.

Et cette force, je l'ai offerte à mes filles, comme un héritage précieux. Je leur ai transmis cette conviction qu'il fallait toujours aller de l'avant, qu'il fallait se battre, même lorsque tout semble perdu, et que tenir bon, malgré la douleur ou l'adversité, était toujours possible. Cette résilience, c'est la clé que je leur ai donnée pour affronter la vie. Nous avons créé plein de souvenirs et fait découvrir à nos filles une ouverture sur la vie, sur le monde et surtout les avons soutenues et aimées dans leur parcours et le faisons encore aujourd'hui bien entendu.

J'étais plus forte que jamais. J'avais mis du temps, beaucoup de temps, une quinzaine d'années, mais j'avais réussi.

Et pourtant, le pire était encore à venir.

Comme chaque année, j'avais pris soin d'envoyer ma carte de bonne année à ma tante. Et comme à son habitude, elle m'avait répondu par une carte en retour. Mais cette fois, en ouvrant l'enveloppe, quelque chose était différent. Je me souviens encore précisément du moment et du lieu. J'étais dans ma maison, debout, quand mes yeux se posèrent sur les mots. La stupeur me cloua sur place. Puis, lentement, je me suis assise, sidérée par ce que je lisais.

Mon oncle, son mari, était décédé le mois précédent, de manière rapide et inattendue. Je n'en revenais pas. Un mélange de honte et de consternation m'envahit. Quelle honte, pensais-je, moi qui venais de leur souhaiter des joies et des bonheurs pour la nouvelle année…

Et puis mes pensées se tournèrent vers mes cousines, qui venaient de perdre leur père. Je n'avais pas présenté mes condoléances. Je n'avais pas été à la cérémonie. Pas parce que je ne voulais pas, mais tout simplement parce que je n'étais pas au courant. Quelle horreur.

Aussitôt, j'ai pris mon téléphone pour appeler ma tante. Ma voix tremblait de confusion et de désarroi. Je lui ai expliqué que je ne savais pas, que j'étais terriblement désolée. Puis j'ai écrit à mes cousines, maladroite peut-être, mais animée par le besoin urgent de leur témoigner mon soutien.

Malgré tout, une question me hantait : pourquoi n'avais-je pas été prévenue ? Les oncles et tantes du côté de ma mère, eux qui ne m'avaient jamais manifesté d'hostilité directe, pourquoi avaient-ils choisi le silence dans une situation aussi grave ? Qu'ils se soient éloignés par peur des représailles de ma mère, je pouvais le comprendre en partie. Mais là, il s'agissait d'une mort, d'un drame familial.

Nous n'avions jamais été en mauvais termes, bien au contraire. Même si nos rencontres étaient rares, elles s'étaient toujours déroulées dans la convivialité et le plaisir des retrouvailles. Alors, pourquoi ? Pourquoi ce silence ?

Je ne comprenais pas. Mes pensées tournaient en boucle. Qu'avait bien pu faire ma mère pour déformer à ce point mon image auprès d'eux ? Était-ce de l'oubli ? De l'indifférence ? Ou bien une répercussion de ses manipulations ?

Qu'on m'ait tenue à l'écart des mariages, des naissances, passe encore. Mais là, une telle exclusion dans un moment aussi grave me semblait incompréhensible, presque inhumain.

Ma tante et mes cousines ont compris, heureusement, mais moi pas du tout …

Pendant ce temps, ma grand-mère n'allait pas très bien. Sa santé déclinait doucement, mais c'était surtout son moral qui s'effondrait. La maison de retraite, autrefois animée, était devenue morne et silencieuse. Tous ses amis étaient partis, disparus. Ceux qui arrivaient et semblaient prometteurs, encore pleins de vie et de lucidité, ne faisaient que passer, faute de places disponibles à long terme.

Cela me brisait le cœur de voir ma grand-mère dans cet état. Si j'avais été à la place de mon père, je l'aurais immédiatement changée de maison. Je lui aurais trouvé un endroit où il y avait des activités, de la chaleur humaine, un véritable confort. Une maison de retraite digne d'elle, un lieu où elle aurait pu s'épanouir dans les dernières années de sa vie. Elle méritait tellement mieux.

Après tout, cette femme avait failli mourir en donnant naissance à mon père. Et pourtant, lui, son fils unique, ne se manifestait qu'une fois par an, à la Toussaint, et encore... Les dernières années, même cette maigre visite avait disparu. Cet égoïsme profond, ce mépris latent, n'étaient que le reflet d'une vie où deux égoïstes s'étaient rencontrés et n'avaient fait que nourrir leur propre indifférence mutuelle. C'était toujours "moi, moi, et encore moi".

Mémé s'accrochait aux petits plaisirs simples, comme la visite de l'animatrice qui venait parfois organiser des activités. Elle nous montrait avec fierté les feuilles et les glands qu'elle avait découpés pour décorer la maison de retraite. Ces modestes créations reflétaient une certaine tristesse, mais aussi une incroyable résilience. Heureusement, sa belle-sœur et sa nièce, qui vivaient à proximité et l'adoraient, venaient régulièrement lui rendre visite. Elles veillaient sur elle, s'occupaient de ses papiers, de son argent et de ses besoins du quotidien. Sans elles, tout aurait été plus compliqué. Christian, l'ancien voisin de famille, passait également de temps en temps pour lui rendre service, comme lui acheter des bonbons lorsqu'il savait que nous venions la voir.

Malgré ces attentions, sa santé continuait de décliner, emportant avec elle son moral. Sentant que le temps pressait, j'avais dit à mes filles que nous devions absolument organiser un repas avec Mémé, à la maison de retraite, tant qu'il en était encore temps. Nous y sommes allées, et elle était ravie. Le personnel nous avait préparé une salle rien que pour nous, avec un service chaleureux et personnalisé, comme au restaurant. Ce moment m'a fait chaud au cœur. Après le repas, nous sommes allées dans son petit coin préféré, tout au fond de la maison de retraite, où elle aimait se poser. Elle était heureuse de voir mes filles grandir et s'épanouir, et je sentais qu'elle profitait pleinement de ces instants avec nous.

De mon côté, j'avais pris soin de redemander à la maison de retraite de m'appeler en cas d'urgence. J'avais vérifié que mon numéro de téléphone était bien enregistré dans leur système et insisté sur l'importance capitale de me prévenir, car je n'avais plus aucun contact avec mon père. Les dames qui s'occupaient de Mémé semblaient avoir compris et me regardaient avec une certaine compassion.

Le 28 novembre, pour les 90 ans de ma grand-mère, je l'ai appelée pour lui souhaiter un joyeux anniversaire. Mais notre conversation fut brève : elle était essoufflée, à bout de souffle. Ses poumons et son cœur montraient des signes alarmants de fatigue. Après avoir raccroché, mon inquiétude grandissante m'a poussée à rappeler immédiatement la maison de retraite pour en savoir plus. Les nouvelles étaient sombres. Les bilans médicaux confirmaient une dégradation notable de son état de santé. J'ai une nouvelle fois insisté auprès du personnel sur l'importance cruciale de me prévenir si jamais elle devait être hospitalisée. Je savais que son médecin recommandait une hospitalisation, mais fidèle à son caractère obstiné, elle refusait.

Ma grand-mère avait toujours été une battante, une femme au tempérament de feu. J'ai contacté ma marraine, sa nièce, pour lui partager mon angoisse et envisager des solutions. Mais hélas, il n'y avait rien à faire, sinon attendre et espérer.

Les trois mois suivants furent encore plus difficiles. Son état continuait de se détériorer. En février, un jour que je redoutais tant arriva : la maison de retraite m'appela. En voyant s'afficher leur nom sur mon téléphone, une angoisse froide m'a saisie. Une dame m'annonça que ma grand-mère venait d'être transférée à l'hôpital, car ils ne pouvaient plus la maintenir sur place pour des raisons médicales. Elle m'expliqua qu'elle l'avait accompagnée au mieux, essayant de la rassurer malgré sa peur. Ma grand-mère, convaincue que c'était la fin, semblait résignée.

Après avoir remercié cette dame, j'ai immédiatement contacté ma marraine, qui se trouvait à son chevet. Ma grand-mère lui avait demandé de me prévenir, mais j'étais déjà au courant. Je n'ai pas pu me rendre à l'hôpital aussi vite, éloignée par mes obligations professionnelles, mais aussi, je crois, par un sentiment de préservation. Je ne voulais pas garder l'image de ma grand-mère affaiblie et souffrante. Grâce à ma marraine, j'ai pu lui transmettre mes pensées. Elle lui a répété mes mots : que je l'aimais, que je pensais très fort à elle, et que mes filles aussi. Je lui ai rappelé les souvenirs tendres, les nouilles rouges et la boîte à gâteaux…

Le lendemain, samedi 25 février 2023, ma grand-mère est décédée. Ce fut un choc, une horreur. Je savais qu'elle était fatiguée, qu'elle avait envie de retrouver mon grand-père, l'homme qu'elle avait toujours aimé. Sa foi lui donnait sans doute une certaine sérénité à l'idée de cette réunion. Mais pour moi, ce fut une immense tristesse. Une douleur profonde et inconsolable.

Ce à quoi je ne m'attendais pas, c'était à la suite. Car dans ces moments où l'on a déjà la tête sous l'eau, certains trouvent encore le moyen de vous enfoncer davantage. Et cette fois, c'était ma mère. Oui, ma mère.

Sans que je ne la voie ou ne lui parle, elle a réussi à réapparaître dans ma vie comme un bulldozer, détruisant tout sur son passage.

J'ai reconstitué les événements après coup, en rassemblant les morceaux du puzzle.

Ma mère avait emmené mon père voir ma grand-mère, probablement parce qu'il n'était plus capable de conduire lui-même, tellement il s'était laissé aller. Ma grand-mère dormait à ce moment-là. Ma mère a alors demandé à ma marraine la carte bancaire de ma grand-mère et ses papiers, affirmant qu'elle allait désormais s'occuper de tout.

Puis, comme si de rien n'était, elle est partie avec mon père à la banque, à trente kilomètres de là, pour vider les comptes. Quand ils sont revenus, ma grand-mère était décédée.

L'audace de ma mère était inouïe. N'étant plus rien dans cette famille depuis près de trente ans, après son divorce, elle n'avait aucun droit légitime. Mais sa manière de faire intimidait tout le monde. Ils acquiesçaient, pris au dépourvu par son assurance. Mon père, fils unique, semblait réduit au rôle d'un chien docile, suivant sa maîtresse sans un mot.

C'est elle qui, apparemment, a pris les choses en main pour l'organisation de l'enterrement. Tout a été réglé en un temps record : quatre jours seulement. Tout était orchestré pour que je ne sois pas au courant. Tout cela, je l'ai découvert bien après, en reconstituant les événements. Il était évident que ma mère avait fait en sorte de m'écarter de cet adieu.

Lorsqu'elle a appris, via les démarches à la maison de retraite, que j'étais au courant, sa réaction a été immédiate. Elle a cherché en terrassant la famille qui aurait pu me prévenir, avant de comprendre que c'étaient les dames de la maison de retraite qui m'avaient informée. Accompagnée de mon père pour récupérer les meubles de ma grand-mère avant même l'enterrement, elle est allée leur hurler dessus, leur reprochant de m'avoir mise au courant. Ces pauvres femmes, qui s'étaient tant dévouées pour ma grand-mère, ont été injustement prises pour cible. D'ailleurs, moi j'aurai voulu récupérer la boîte à gâteaux mais bien sûr celle-ci a dû être jeté avec un tel plaisir par mes parents.

Elle est même allée jusqu'à menacer de provoquer un scandale si je me présentais à l'enterrement. Le plus odieux, c'est qu'elle a projeté toute cette haine sur mon père. Aux yeux de la famille, elle a prétendu que c'était lui qui ne voulait pas me voir.

Mon père, c'est certain, n'avait plus aucun désir de me revoir. Mais vu l'état lamentable dans lequel il se trouvait, il n'avait sûrement pas eu ces idées seul. Il était devenu une loque rongée par l'alcool et la cigarette, manipulée par ma mère, qui se cachait derrière lui pour mieux préserver son image. Elle s'en servait comme d'un bouclier, feignant une bienveillance hypocrite devant la famille de mon père, tout en orchestrant en coulisses un plan de cruauté froide et calculée.

La parution du décès dans le journal indiquait que l'hommage venait de mon père, des tantes et des cousins. Mais moi, la seule petite-fille de ma grand-mère, n'étais pas mentionnée, ni même mes filles.

C'est sur internet que j'ai découvert cette parution. Le texte, sans surprise, avait été rédigé par ma mère. Elle avait également géré la messe avec le curé. Son discours, truffé d'erreurs, résumait maladroitement la vie de ma grand-mère en quelques minutes. De plus, rien dans ses mots ne faisait mention de mon existence.

Le lieu même de la cérémonie ne rendait pas justice à ma grand-mère. Elle, qui avait été commerçante toute sa vie dans son village, qui y avait tissé des liens si forts, et qui y avait résidé en maison de retraite jusqu'à ses derniers jours, n'a même pas eu droit à un adieu dans l'église de son propre village. La cérémonie fut déplacée dans une commune voisine, probablement parce que l'église y était disponible plus rapidement.

Pire encore, les obsèques furent restreintes à un cercle intime, fermées à toutes ces personnes qui avaient connu et côtoyé ma grand-mère, à ceux qui auraient souhaité lui rendre hommage. Une honte, une véritable injustice, quand on sait combien elle était aimée et respectée. Tout semblait organisé pour étouffer le décès, pour aller vite, comme si l'urgence était de m'évincer.

C'est ainsi que l'enterrement de ma grand-mère, femme croyante et digne, fut bâclé, expédié au mépris de tout respect. Comment peut-on agir ainsi ? Comment peut-on priver une femme si pieuse d'une cérémonie à la hauteur de sa vie et de sa foi ?

Mais ma mère n'en était pas restée là. Elle avait donné des consignes strictes aux pompes funèbres : m'interdire l'accès aux visites. Je l'ai appris plus tard, bien que, de toute façon, je n'avais pas eu l'intention de m'y rendre.

La douleur était trop vive, et je savais que ma présence aurait été source de tensions inutiles.

À mesure que je réunissais tous ces éléments, une vérité glaçante s'imposait : j'étais devenue l'obsession de ma mère. Toutes ces années où j'avais vécu ma vie, sereine et éloignée de ses intrigues, elle, dans l'ombre, cherchait un moyen de me nuire, de me détruire.

C'était incroyable, et pourtant si clair. Ce dernier coup de poignard n'était qu'un chapitre de plus dans une histoire où la malveillance de ma mère semblait ne connaître aucune limite.

De mon côté, j'avais bien sûr prévu d'aller à l'enterrement, malgré les contraintes.

Cependant, les échos venus de la famille m'ont glacée. Une tension palpable, des menaces de scandale, une pression insupportable s'exerçant sur eux. Ils semblaient perdus, terrifiés à l'idée que la cérémonie tourne mal. Alors, j'ai cédé. J'ai dit ces mots qui m'ont brisé : « Ne vous inquiétez pas, je ne viendrai pas. »

Prendre cette décision fut une douleur immense. Ma grand-mère, ma douce grand-mère, croyante et digne, n'aurait pas voulu que son dernier moment soit entaché par des disputes. Je la connaissais assez pour savoir qu'elle aurait préféré la paix. Elle n'aurait pas supporté que son fils et son ex-belle-fille s'acharnent contre moi ce jour-là. Par respect pour elle, et malgré tout l'amour que je lui portais, j'ai choisi de m'effacer.

J'ai pleuré, sans retenue, des larmes lourdes d'injustice et de tristesse. Le simple fait de ne pas être là pour lui dire adieu me ronge encore aujourd'hui. Pourtant, je ne voulais pas totalement renoncer. J'ai décidé d'emmener mes filles, de les faire participer à l'enterrement.

Je voulais, au moins, offrir quelque chose à ma grand-mère. Une plaque, une fleur. Quelque chose qui témoignerait de ma présence, même en son absence. Mais je savais que si je commandais sur place, ma démarche aurait été sabotée.

Alors, dès le lundi, je suis allée dans un magasin de pompes funèbres près de chez moi. J'ai choisi une jolie plaque, simple mais pleine de sens, avec l'inscription : « À notre mémé. » La dame, voyant mon urgence et devinant les tensions familiales, s'est montrée incroyablement compréhensive. Elle a fait appel à son graveur, même en son jour de repos, et la plaque fut prête en une heure. J'ai également pris une composition florale ornée d'une banderole portant ces mots choisis avec soin : « Repose en paix. »

Ces mots, lourds de sens, étaient pour elle. Pour la paix qu'elle méritait après tant de tourments. Pour qu'elle retrouve enfin mon grand-père, dans une sérénité que la vie ne lui avait pas toujours accordée. Ma colère et ma douleur ont fusionné, m'insufflant une force nouvelle. J'ai respecté ma grand-mère, en choisissant de ne pas troubler son adieu. Mais cette décision a laissé une cicatrice profonde, amplifiant le poids des blessures infligées par mes parents.

Le jour de l'enterrement, j'ai pris la route de bonne heure avec mes filles. Arrivées devant l'église, je les ai déposées avec, entre leurs mains, la plaque et les fleurs. Quelle douleur, immense, de laisser mes filles seules affronter un enterrement, leur tout premier, et celui de leur arrière-grand-mère en plus, dans un contexte si lourd et tendu.

Elles sont entrées avant l'arrivée de tout le monde, même du corbillard. Je leur avais conseillé de se placer à l'avant, car elles étaient de la famille, mais surtout de rester fortes, quoi qu'il arrive, même face à d'éventuelles attaques de mes parents. À la sortie, je leur avais donné des instructions précises : partir vite, aller tout droit et me rejoindre à l'endroit que je leur indiquerais par SMS avant la fin de la cérémonie. Je leur avais également expliqué que j'avais prévu quelque chose, et que même si ma mère s'en prenait à ma voiture, ce n'était pas grave. L'essentiel était qu'elles suivent mes consignes.

Imaginez la pression énorme qu'elles ont dû supporter ce jour-là, pour moi, pour elles-mêmes, et surtout pour rendre hommage à Mémé. Elles ont montré un courage incroyable.

Ma mère a dû être bien surprise de voir mes filles déjà présentes à l'intérieur de l'église. Pendant ce temps, je restais cachée dans ma voiture, garée à proximité. Enveloppée dans une grande écharpe noire et portant des lunettes de soleil tout aussi sombres, je passais inaperçue. Mais moi, je voyais tout. J'ai vu le corbillard arriver, le cercueil en être sorti. J'ai vu mon père, voûté, à peine capable de marcher seul. Et ma mère, droite comme un piquet, guettant chaque mouvement, entrant la dernière pour être sûre de me bloquer si je venais, jusqu'à ce que les portes de l'église se referment.

Les voir ne m'a rien fait. Absolument rien. J'étais totalement détachée, spectatrice de l'enterrement de ma grand-mère depuis ma voiture.

Deux dames sont arrivées en retard, pressant le pas vers l'église. Je suis allée à leur rencontre et leur ai demandé si elles venaient pour l'enterrement. Elles ont répondu oui. Alors, je leur ai confié une demande : bénir le cercueil de ma part, car c'était ma grand-mère.

L'une des deux m'a regardée avec des larmes dans les yeux et m'a demandé : « *Tu es Sophie ?* » J'ai répondu que oui. Et, émue, elle m'a dit : *« Je te promets de le faire. »*

J'ai appris plus tard que cette dame était une amie proche de ma marraine. Elle a tenu sa promesse, et je lui en suis profondément reconnaissante.

À l'intérieur de l'église, mes filles ont vécu une expérience marquante, qu'elles m'ont racontée par la suite. L'atmosphère était pesante. Mon père, installé juste derrière elles, a demandé avec insistance : *« C'est qui, c'est qui ?? »* Quelqu'un lui a répondu : *« Ce sont tes petites-filles. »* Il a alors réagi de manière acerbe : *« Elles vont quand même me dire bonjour. »*

Malgré leur réticence, mes filles se sont retournées pour lui faire un bisou, comme par politesse. Elles m'ont dit avoir été profondément dégoûtées par son apparence : négligé, les cheveux gras, émacié, et refermé sur lui-même.

Après la cérémonie, alors qu'elles étaient encore dans l'église, ma mère s'est précipitée vers elles d'un air agressif, leur demandant : *« Vous savez qui je suis ? »* Sans attendre leur réponse, elle a ajouté : *« Je suis votre grand-mère. »* Elle a ensuite insisté : *« On fait un pot après l'enterrement avec tout le monde, vous allez venir avec nous. »*

C'est là que ma fille aînée, âgée de 23 ans, a répondu avec fermeté : *« Non merci, notre mère nous attend et nous rentrons avec elle. »* Face à ce refus, ma mère a répliqué : *« C'est votre grand-père qui ne veut pas voir votre mère. »* Elle est allée jusqu'à simuler une conversation avec lui, prétendant parler de sujets flous, comme si mes filles allaient être dupes.

Elles ont vu clair dans son jeu. Elle cherchait manifestement à se donner une image positive auprès d'elles, tout en manipulant un homme brisé, incapable de réagir, pour cacher sa propre méchanceté. Puis, elle a osé leur dire : *« Votre mère a détruit notre vie. Elle nous a apporté beaucoup de malheur. »*

C'est alors que ma fille aînée, avec une force impressionnante, lui a répondu calmement mais fermement :     *« C'est plutôt l'inverse, c'est vous qui avez causé du malheur à ma mère. »*

Ma fille ainée est devenue psychologue et ma cadette est en étude pour devenir éducatrice spécialisée, un hasard ? Non, sans doute pas, mais c'est un autre sujet. D'ailleurs, il semblerait que ma mère est tous les signes d'une personnalité perverse et sans doute bien d'autres troubles qui mériteraient d'être analysés.

Pendant ce temps, de mon côté, j'avais mis en place une action mûrement réfléchie après trois jours et trois nuits d'intenses réflexions. Je ne pouvais pas laisser ma grand-mère partir sans lui faire mes adieux, sans un dernier signe.

J'ai envisagé plusieurs idées : mettre des messages sur des panneaux tout au long du trajet du corbillard, mais j'ai vite réalisé que ma mère les aurait retirés un à un. Écrire sur la route avec du fluo ? Trop compliqué à lire depuis une voiture en mouvement. Finalement, j'ai trouvé une solution simple et percutante : écrire un message d'adieu sur un grand panneau blanc que j'installerais à l'intérieur de mon pare-brise.

Pendant la cérémonie, je suis allée voir les porteurs qui attendaient à côté du corbillard. Je leur ai expliqué calmement la situation : c'était l'enterrement de ma grand-mère, mais des tensions familiales m'avaient empêchée d'y assister. Je leur ai demandé si je pouvais garer ma voiture juste derrière le corbillard, tout en leur laissant suffisamment d'espace.

Ils ont eu de la compassion pour moi. Même s'ils ne comprenaient pas tous les détails, ils ont acquiescé et accepté ma requête.

À la sortie de l'église, alors que les gens descendaient les marches, le corbillard était stationné en face, ses portes grandes ouvertes. Derrière, ma voiture était bien visible, feux de détresse allumés. Sur mon pare-brise, un grand panneau affichait : « *Au revoir mémé.* » Ma voiture blanche portait aussi sur le capot, sur les portes en gros caractères noirs, ma signature : *Sophie*

Je n'ai pas fait de vagues. Je n'ai pas assisté à la cérémonie à proprement parler, mais j'ai trouvé une manière de dire adieu à ma grand-mère.

Mes filles, suivant le plan convenu, se sont discrètement éclipsées pour me rejoindre à un endroit isolé, derrière des maisons. Là, nous nous sommes retrouvées, en pleurs, serrées dans les bras les unes des autres. C'était si difficile. Elles avaient affronté une situation extrêmement dure, et je les ai remerciées de tout cœur pour leur courage, leur force, pour avoir tenu bon, autant pour moi que pour mémé.

À ma grande surprise, aucune dégradation n'a été commise sur ma voiture, pas même un mot ou une réaction de ma mère. Elle avait dû se sentir prise à son propre piège. Tout le monde avait vu, tout le monde savait : je n'avais pas eu le droit d'assister à l'enterrement, mais j'avais malgré tout trouvé une manière de montrer mon amour et ma présence.

Quand tout le monde est parti pour le cimetière, nous, les filles, avons pris la route de notre côté. Sur la tombe où reposait déjà mon grand-père, ma fleur et ma plaque avaient été posées. Ma mère, dans une tentative de manipulation évidente, a fait un commentaire devant tout le monde : *« Oh, elle est très jolie, la plaque, et la fleur aussi. »* Je savais que si j'avais acheté tout cela sur place, elle aurait tout simplement jeté mes gestes d'affection à la poubelle. Mais là, elle n'avait pas le choix.

Je ne ressens pas de rancune envers le reste de la famille. Mais je suis profondément déçue. Déçue qu'avec l'appui du nombre, tous ensemble, ils n'aient eu le courage de dire à ma mère qu'elle n'avait pas sa place dans cet adieu, alors que moi, j'en avais une évidente.

Cette épreuve m'a laissée seule, une fois de plus, face à une violence inouïe.

Ce jour-là, ma mère a confié qu'elle avait un homme dans sa vie, mais elle a insisté sur le fait que mon père ne devait surtout pas l'apprendre. Pourquoi tant de secret ? Après tout, elle n'avait jamais hésité à afficher ses relations précédentes, comme avec Gérard, sans la moindre retenue.

La réponse était évidente : elle savait pertinemment que mon père, malgré tout, était encore amoureux d'elle. Elle était consciente qu'il était mourant, affaibli, et elle comptait bien exploiter jusqu'au bout cette emprise qu'elle avait toujours eue sur lui. Une fois de plus, elle s'assurait de garder le contrôle, jouant de ses sentiments pour mieux le manipuler.

Le week-end suivant, je suis retournée me recueillir sur la tombe de ma grand-mère. Avant cela, je suis passée à la maison de retraite avec un bouquet de jonquilles que j'avais cueillies le matin-même. Ces fleurs, je les ai apportées à cette dame qui m'avait appelée pour m'alerter et qui s'était occupée de ma grand-mère avec tant de dévouement.

Je lui ai présenté mes excuses pour le comportement de mes parents et la situation dans laquelle elle avait été plongée malgré elle. Je l'ai aussi remerciée du fond du cœur pour tout ce qu'elle avait fait pour ma grand-mère, bien au-delà de ce que son travail exigeait.

Nous avons pleuré ensemble. Je pouvais sentir qu'elle comprenait, peut-être parce que ma grand-mère avait partagé avec elle une partie de notre histoire familiale. C'était un moment d'émotion sincère, une rencontre empreinte de gratitude et de respect mutuel.

Je n'ai pas pu reprendre le travail après tout cela. Bien que je sois indépendante, et que je ne gagne rien si je ne travaille pas, je me sentais totalement incapable. Je n'avais ni la force ni l'envie de faire quoi que ce soit. Je me suis arrêtée une quinzaine de jours, le temps de reprendre mes esprits. Chez moi, trois objets veillent silencieusement, gardiens d'une mémoire précieuse. Il y a cette plante, issue d'une bouture que ma grand-mère m'a donnée il y a vingt-cinq ans, toujours là, robuste et pleine de vie, comme un écho à son souvenir. Sur une étagère, un cadre photo offert à la naissance de ma première fille, délicat témoignage de son amour. Et sur un calendrier cube, immobile, la date de son départ gravée à jamais. Trois petits trésors, discrets mais immenses, porteurs d'une tendresse qui ne fanera jamais. Ma marraine a eu la gentillesse de me donner le médaillon de ma grand-mère qu'elle avait pu récupérer. Je l'ai mis sur mon trousseau de clés, comme ça, je l'ai toujours avec moi.

Pendant cette période, j'ai beaucoup réfléchi, retournant les événements dans ma tête encore et encore. Puis, soudain, comme une lumière, une évidence m'est apparue. Si ma mère avait tout fait pour m'empêcher de savoir que ma grand-mère était morte, il était fort probable qu'elle ait agi de la même façon des années plus tôt pour m'éloigner de la nouvelle du décès de mon oncle.

Avec cette intuition, j'ai appelé ma tante en larmes. Je lui ai annoncé que j'avais perdu ma grand-mère, mais aussi que j'avais compris ce qui s'était passé lors de la mort de mon oncle. Je lui ai dit que j'étais certaine que ma mère était à l'origine de tout cela. À ce moment, ma tante m'a confirmé mes soupçons. Elle m'a dit de ne pas me torturer davantage, qu'elle savait tout cela, et qu'en effet, ma mère avait menacé mes cousines, car elle était sur place au moment de l'organisation de la cérémonie. J'ai même appris quelques mois après qu'un oncle et une tante qui voulaient me prévenir pensaient que cela avait été fait par ma cousine. En bref, ma mère a menacé et brouillé les pistes pour m'évincer de sa famille, une fois de plus.

Elle avait même monté la garde devant l'église pour surveiller et n'était entrée qu'en dernier, exactement comme pour ma grand-mère.

En réalisant tout cela, je me suis dit : *Quelle haine, et depuis si longtemps.* J'étais devenue, bien malgré moi, le centre de son monde, mais pas de la manière que l'on pourrait dire en temps normal.

À ce moment-là, j'ai également discuté avec mes filles du sujet de ma mère. Je leur ai expliqué qu'elle était à la retraite et qu'elle n'avait sûrement que cela à penser. Pendant cette conversation, j'ai mentionné le nom de l'entreprise de ma mère, et là, ma fille aînée a réagi immédiatement en disant : « Mais c'est un compte qui me suit sur les réseaux sociaux. »

Sa sœur a alors vérifié sur ses propres réseaux et a découvert qu'elle aussi était suivie par ce compte. En fouillant davantage, elles ont réalisé que ma mère, dissimulée derrière le nom de son entreprise, espionnait leurs activités depuis très longtemps. Elle avait même réussi à s'abonner à leurs groupes d'amis. Un truc totalement fou. Elle cherchait par tous les moyens à m'atteindre, à m'observer et, qui sait, peut-être à manipuler mes filles à terme.

C'est aussi pour cela que je n'ai jamais rien caché à mes filles. Depuis qu'elles étaient petites, je savais qu'en grandissant, ma mère tenterait de les retourner contre moi. Elle l'a d'ailleurs clairement essayé à l'enterrement de mémé. Mais ce plan machiavélique ne datait pas de cet événement, il était en préparation depuis des années. Cette haine qu'elle nourrit est tout simplement inimaginable.

Un an plus tard, presque jour pour jour, je reçois un message du père de mes filles, me demandant de le rappeler quand j'aurais un moment. La formulation inhabituelle éveilla immédiatement ma curiosité. Quelque chose n'allait pas. Instinctivement, j'ai pensé à ses parents, qui vieillissent. Une maladie, un décès ? J'étais anxieuse à l'idée d'entendre ce genre de nouvelles.

À ma pause de midi, je le rappelle. Il m'annonce que sa mère a lu dans le journal que mon père était décédé deux jours auparavant. Contre toute attente, j'ai ressenti un soulagement du fait que ce ne soit pas mes beaux-parents. Cela peut sembler cruel, mais c'est la vérité. Mes parents sont morts pour moi depuis longtemps. Cette nouvelle confirmait qu'ils n'avaient plus aucune emprise sur moi, surtout après ce qu'ils m'avaient infligé l'année précédente avec l'enterrement de ma grand-mère.

Ma belle-mère a aussitôt appelé ma mère pour lui présenter ses condoléances. La réaction fut brutale : ma mère, furieuse, a demandé si cela signifiait que j'étais au courant. Elle n'a même pas remercié. Choquée par cet accueil, ma belle-mère a regretté d'avoir pris la peine d'appeler.

J'ai repris mon travail comme si de rien n'était, avec le même sourire qu'à l'accoutumée. Il n'y avait rien de différent. Le lendemain, je partais en vacances avec mes filles à La Réunion, tout allait bien.

Sur le chemin du retour de travail, dans ma voiture, une réflexion m'a traversée : mourir à 68 ans après une vie de souffrance, quelle absurdité. Une phrase de ma mère me revint alors : *« Mais tu n'as pas encore compris, Sophie, que je ne supporte pas de te voir heureuse alors que ton frère est sous terre ? Et l'héritage, n'y compte pas. »* Puis un flash : *Je suis l'héritière directe.*

À ce moment, j'ai su que j'avais une carte à jouer. J'étais persuadée qu'ils avaient tout fait pour me rayer de l'équation. Si l'argent était la seule chose qui importait à ma mère, alors c'était sur ce terrain que je pouvais rétablir un semblant de justice pour tout le mal qu'elle m'avait fait. Mémé, fallait pas y toucher !!!

Ce que j'ai découvert ensuite m'a donné raison, bien au-delà de mes attentes. La nuit fut courte. J'ai recherché toutes les banques de leur région, pris des contacts, récupéré mes documents d'identité et envoyé des mails entre autres à la mairie pour signaler mon existence. J'ai trouvé l'avis de décès, sans surprise : je n'y figurais pas. Mon père devait être enterré le lendemain. Tout était précipité, comme pour ma grand-mère. Mais cette fois, je n'avais aucune intention d'assister aux obsèques. Ça m'a fait sourire car cette fois-ci ma mère allait se fatiguer pour rien… organiser un enterrement en 3 jours, dire aux pompes funèbres d'interdire ma venue, stresser que je vienne, monter la garde au cimetière…

Aux premières heures d'ouverture des banques, j'ai appelé partout pour rechercher l'existence d'éventuels comptes. Je savais que j'étais déjà en retard de 72h, mais je voulais montrer que j'existais. J'ai appris qu'un compte joint existait entre mon père et ma mère. Cela confirmait ma version des faits : ils avaient sûrement fait un plan à la hauteur de leur pouvoir de machination.

J'ai contacté mon notaire, lui demandant d'ouvrir un dossier de succession. Je lui ai expliqué que mes parents étaient divorcés depuis 30 ans et que j'avais probablement été effacée de toutes les démarches. J'ai évoqué l'éventualité d'un remariage entre eux ou peut-être d'une vente déguisée car à l'époque mon père avait son appartement. Je ne savais pas s'il y avait un testament mais sans doute. Je lui ai indiqué que mon père ne devait pas avoir grand-chose financièrement et qu'à mon avis le peu qu'il avait avait de toute façon déjà disparu, mais ce dont j'étais sûre c'est que mon existence avait été cachée, d'autant plus que ma mère avait conservé son nom marital de l'époque et il était donc beaucoup plus facile de berner les administrations et institutions.

L'après-midi même, j'ai pris l'avion pour La Réunion. Nous avons passé des vacances formidables. Ce n'est qu'au retour que j'ai annoncé à mes filles la mort de leur grand-père. Leur réaction fut neutre : *« On s'en doutait.*

*Ça ne nous fait rien, on ne le connaissait pas vraiment. Ce n'est pas comme s'il avait fait partie de notre famille. »*

Quelques jours plus tard, mon notaire m'a contactée pour m'informer qu'un notaire local avait ouvert le dossier de succession et qu'elle avait désormais les accès en tant que référente. Elle m'annonça également qu'il existait un testament, et que mon père était toujours propriétaire de son appartement. J'étais surprise qu'il en soit encore propriétaire. Pourquoi ma mère n'avait-elle pas récupéré l'appartement ? La réponse devait se trouver dans ce fameux testament. Je pensais même que mes parents s'étaient remariés ou qu'ils avaient fait des changements de noms, des systèmes de donations, de sociétés...

Ce testament manuscrit avait été déposé chez le notaire apparemment habituel de ma mère, un notaire qui ignorait mon existence. Malheureusement pour lui, jouant sur la confiance, il avait accepté ce dépôt sans effectuer les vérifications d'usage, une faute professionnelle qui s'était prolongée sur dix longues années. Cela signifiait que mon père, avec le soutien ou même la supervision de ma mère, avait orchestré ce plan depuis longtemps. Manipulé jusqu'au bout, il avait fini par devenir aussi méchant qu'elle. Comme elle, il s'était attaché au matériel mais en même temps comme elle avec leurs vies vides et égoïstes, ils n'avaient que ça...

Sans surprise, le testament indiquait que mon père léguait son appartement à ma mère. Elle, qui possédait déjà sa maison ainsi la maison de famille en location depuis des années, souhaitait également cet appartement tout meublé. Pourtant, un détail d'importance changeait tout : il ne lui avait accordé que le droit d'usage et d'habitation, et non l'usufruit. Cette différence, capitale en droit, était la preuve que ce testament avait été rédigé sans accompagnement juridique sérieux. Si cela avait été le cas, des recherches d'hérédité auraient forcément été entreprises. Cette faille juridique m'offrait une opportunité inattendue de me battre.

Ma mère, toujours calculatrice et surtout n'ayant pas le choix, tenta de manipuler mon notaire, lui assurant qu'elle ne souhaitait pas d'histoires et qu'elle voulait simplement louer l'appartement. Mais mon notaire fut ferme : elle pouvait l'habiter à la rigueur et à condition d'accepter le legs, mais en aucun cas le louer, car j'étais la propriétaire légitime du bien.

Acculée, ma mère ne s'attendait pas à ce rebondissement. Une fois de plus, Sophie venait contrecarrer ses plans. Contrairement à son entourage qu'elle avait toujours manipulé avec aisance, je lui résistais. Cette résistance la rendait folle de rage depuis des années, et aujourd'hui encore, je lui échappais.

Mon notaire a demandé les relevés de compte des dix dernières années, la période maximale autorisée. Ce que j'y ai découvert m'a laissée sans voix : une démonstration claire de la haine acharnée qu'ils avaient nourrie à mon égard. Mon père disposait d'un compte chèque sur lequel il percevait ses revenus successifs : salaire puis chômage puis retraite, et même une allocation pour handicap. À côté de ce compte principal, des comptes épargne servaient à alimenter un compte joint avec ma mère, sur lequel ils vivaient. Les virements réguliers et de sommes non négligeables qu'il effectuait à son profit prouvaient qu'ils avaient méticuleusement organisé cette situation en vue de sa mort, veillant à ce qu'il ne reste rien à son nom personnel. Mais, était-ce réellement lui, car ma mère avait aussi les accès.

D'ailleurs ma mère se faisait également des virements à elle-même, transférant méthodiquement des sommes considérables. Une cotisation d'assurance-vie apparaissait aussi, sans surprise, au nom de ma mère. L'analyse des flux bancaires révélait un système bien rodé, presque admirable dans sa froide efficacité. Le même nom de famille, sans doute, avait facilité leurs manœuvres, leur permettant de se faire passer, aux yeux des institutions, pour un couple uni. C'était tout simplement impressionnant.

Cependant, ce qui a véritablement réveillé ma colère, c'est le virement que j'ai découvert, celui qui clôturait la succession de ma grand-mère. Mon père, fils unique, avait reçu la somme avant de la transférer aussitôt à ma mère. Cela m'a fait bondir. Ma mère, qui avait toujours méprisé ma grand-mère, s'était approprié son héritage. Sans oublier l'argent qu'elle avait retiré en liquide à la banque, le jour même du décès de ma grand-mère. À cet instant, j'ai su que je devais agir. C'était une question de justice.

Je n'ai jamais attendu d'héritage pour vivre ; cela fait longtemps que je me nourris seule, que je n'ai besoin de rien ni de personne. Mais il était temps de jouer sur leur terrain, aussi sordide soit-il. Si l'argent est leur unique valeur, c'est là que je les attaquerai. J'ai calculé qu'en dix ans, ma mère avait détourné près de 60 000 €, sans compter les 15 000 € qu'elle s'est elle-même virés du compte personnel de mon père le jour de son décès. Un acte purement incroyable !

Bien que je sache que je ne récupérerai probablement jamais cet argent, je pourrais en théorie invoquer l'abus de faiblesse. Mon père, toujours alcoolique selon son dossier médical, était vulnérable et handicapé, et ma mère, par son omniprésence, avait une emprise totale sur lui. L'abus de faiblesse est interdit par la loi, et elle est techniquement un tiers dans cette situation. Cela nécessiterait de porter plainte et de poursuivre au pénal, une démarche que je suis prête à envisager car en plus j'ai toutes les preuves.

Pour la petite histoire, mon père aurait été retrouvé mort par ma mère vers 8h00 ce matin-là, dans son appartement, allongé sur son lit. Il était vêtu d'un beau pantalon et d'une chemise, bien droit, comme s'il s'était préparé. Le décès a été constaté par les pompes funèbres, et selon les documents médicaux, il avait informé son médecin quelques mois plus tôt qu'il ne souhaitait plus suivre de traitement pour son cancer. Cela me parait troublant. Pourquoi aurait-il pris la peine de se préparer pour aller se coucher ? Ce serait-il levé ce matin-là ? Pourquoi était-il habillé de la sorte ? Pas d'autres personnes, ni témoins.

Ce qui ajoute à ma perplexité, c'est qu'au même moment, ma mère a vidé son compte personnel. Mais moi, je pense que mon père en avait assez, et qu'elle aussi. Et dans un acte ultime, elle l'aurait aidé à partir. Rien n'a été vérifié, aucune enquête n'a été menée. La cause du décès a immédiatement été attribuée à la maladie, sans plus de questions.

J'ai même envisagé, un temps, de demander une exhumation du corps avec l'autorisation du juge. Qui sait ? Peut-être le ferai-je, selon l'évolution des événements. Je n'ai plus peur. Ni d'elle, ni de personne. Le passé m'a appris une chose : quand on n'a plus rien à perdre, on est invincible.

Après l'enterrement, la famille a été conviée à boire un verre chez ma mère. Sa maison, paraît-il, est un véritable sanctuaire à la mémoire de mon frère, chaque mur chargé de photos retraçant sa vie. Au milieu de cette galerie, sur la cheminée, trônait une photo de moi en robe de mariée. Une mise en scène soigneusement calculée, destinée à convaincre les invités qu'elle était la mère aimante et incomprise, la victime d'une incompréhensible méchanceté de ma part.

Je savais pourtant que cette photo avait été exhumée du fin fond du grenier, sortie uniquement pour l'occasion. Une fois les derniers invités partis, elle retournerait sans doute à l'obscurité, comme si elle n'avait jamais existé.

Cela fait maintenant plusieurs mois que le dossier reste en suspens. Ma mère, fidèle à sa stratégie, joue la carte du silence et de la temporisation. Elle a bien compris qu'elle était coincée face à moi, mais malgré les explications claires des notaires sur les implications fiscales de l'acceptation du legs — une taxation de 15 000 € en tant que tierce étrangère —, elle a tout de même décidé d'accepter. Cette décision est la preuve évidente qu'elle ne cherche qu'à me nuire car elle ne pourra jamais rien faire de cet appartement. L'argent n'est pas ce qui lui manque, surtout après tout ce qu'elle a détourné au fil des années. Là, ou je suis sûre, c'est que pour son testament, elle n'a pas dû se tromper de mot ! Ce n'est pas l'argent que je cherche, c'est la vérité et la reconnaissance d'une injustice flagrante. Quand elle sera morte, ce sera trop tard…

Faire estimer l'appartement a été une véritable épreuve. Bien qu'elle n'y habite pas, elle a insisté pour être présente lors de la visite de l'agent immobilier, tout en veillant à ce que je n'y sois pas. Elle m'a critiqué auprès de ce dernier en disant que j'étais une fille indigne qui les avaient laissés… Elle a mis des semaines à répondre aux appels et aux courriels de mon notaire, ralentissant délibérément le processus. Pendant ce temps, j'assumer toutes les charges : l'assurance de l'appartement, les frais de copropriété, la taxe foncière… Tout cela alors que mon seul objectif est de vendre. Mon notaire a tenté de maintenir des discussions amiables pendant plus de six mois, sans succès. Elle fait la morte, espérant sans doute m'épuiser psychologiquement et financièrement.

Dernièrement, elle a eu l'audace de demander une rencontre en face à face, via mon notaire, pour "discuter". Quel culot ! Maintenant, elle souhaite me voir, probablement dans l'espoir de me manipuler ou d'éveiller en moi un quelconque sentiment de regret ou un rappel des valeurs familiales. Mais je la connais trop bien. Mon avocat, qui me soutient depuis le début, a constaté que la phase amiable ne menait nulle part et que nous avons été suffisamment patients. Nous lançons une procédure judiciaire.

L'argent ou l'appartement m'importent peu. Ce que je veux, c'est rendre justice à l'enfant que j'étais, à l'adolescente qu'on a brisée, honorer la mémoire de mon frère et le respect dû à ma grand-mère. Je sais que le chemin sera long, mais je sais aussi que je gagnerai. D'une certaine manière, j'ai déjà gagné : je suis en vie, et c'est cela, ma véritable victoire.

Mon frère s'est suicidé, mon père est mort. Mais si l'on cherche à désigner des coupables, alors il faudrait se demander *qui a fait quoi* ?

Vous connaissez, comme moi, sans doute la réponse maintenant …

Aujourd'hui malgré ces soucis, je suis heureuse. Oui, heureuse, au grand désespoir de celle qui aurait voulu m'éteindre. Je confirme cette citation de Gandhi qui m'a toujours guidé : « *La force ne réside pas dans la capacité de frapper fort, mais dans le fait de pouvoir être frappé sans se briser* » Cette vie, je la dois à moi et à ma seule qui ai su me construire et avancer de toutes mes forces pour m'en sortir. J'ai développé des valeurs fortes de famille avec mes filles, d'amitié, de justice et de vérité. Et d'ailleurs en voici une : Donner naissance à un enfant est une chose mais être parent en est une autre. Alors, avant de vous lancer, réfléchissez bien, si vous n'avez pas le profil, mettez une capote !